LA TUNISIE

ET

PAUL CAMBON

TUNIS
IMPRIMERIE J. ALOCCIO, 4, Rue Annibal
—
1929

LA TUNISIE

ET

PAUL CAMBON

TUNIS

IMPRIMERIE J. ALOCCIO, 4, RUE ANNIBAL

—

1929

LA TUNISIE

ET

PAUL CAMBON

Cet ouvrage se compose de deux parties :

1ʳᵉ Partie. — L'œuvre de Paul Cambon en Tunisie (1882-1886) : l'instauration du Protectorat français.

2ᵉ Partie. — L'hommage de la Tunisie à Paul Cambon (1929).

Paul CAMBON

(1843-1924)

L'ŒUVRE

DE

PAUL CAMBON

EN TUNISIE

(1882-1886)

L'Instauration du Protectorat Français

L'ŒUVRE DE PAUL CAMBON

EN TUNISIE

(1882-1886)

L'INSTAURATION DU PROTECTORAT FRANÇAIS

Par un décret du Président de la République du 18 février 1882, contresigné par M. De Freycinet, Président du Conseil, Ministre des Affaires Etrangères, Paul Cambon, Préfet du Nord, était nommé Ministre Plénipotentiaire, Résident de France à Tunis, en remplacement de M. Roustan nommé Ambassadeur à Washington.

*
**

Le titre, les prérogatives et les fonctions de Résident de France en Tunisie découlent du traité de Kassar-Saïd signé le 12 mai 1881 par le Bey de Tunis, Mohamed Es-Sadok, et le Général Bréart, à la suite de l'entrée de l'Armée française dans la Régence, et ratifié par le Gouvernement de la République le 27 mai suivant.

Bien que huit mois se fussent écoulés, seules les dispositions d'ordre diplomatique et militaire du traité avaient pu recevoir leur exécution à la date de la nomination de Paul Cambon en Tunisie.

Les premières, qui stipulaient le maintien des traités existants et l'interdiction pour le Bey d'en contracter de nouveaux sans l'assentiment de la France et consacraient l'abandon par le Bey à la France de ses relations extérieures (art. 4, 5 et 6), avaient été appliquées « ipso facto », et le Résident était devenu de plein droit le Ministre des Affaires Etrangères du Bey ; les Consuls des Puissances étrangères n'avaient plus accès auprès du Bey que par son intermédiaire et en sa présence.

Quant aux mesures militaires (art. 2 du traité), elles auraient pu être tenues pour provisoirement réalisées si les Troupes françaises, qui avaient, en 1881, pénétré dans la Régence par la frontière algérienne et par le port de Bizerte et étaient arrivées jusqu'au Bardo, à 4 kilomètres de Tunis, ne s'étaient pas abstenues, à la prière instante du Bey, d'entrer dans cette ville. Cette abstention, présentée par le Premier Ministre, Mustapha ben Ismaïl, sous un jour défavorable à la durée de l'occupation française, avait incité à de folles espérances certains milieux indigènes qui n'avaient pas eu encore de contact avec l'Armée française. Sur ces entrefaites, un rapatriement prématuré de la plus grande partie des Troupes de Tunisie était venu encourager leurs illusions. Il s'en était suivi une rebellion dirigée aussi bien contre le Bey que contre la France. La ville de Sfax avait dû être bombardée par l'escadre française (15 juillet 1881), mais, des dissidents tenant l'intérieur de la Régence, il avait fallu, conformément à l'art. 3 du traité obligeant la France à prêter appui au Bey contre tout danger menaçant sa personne ou sa dynastie ou compromettant la tranquillité de ses Etats, appeler de nouvelles forces pour une seconde expédition militaire. Cette fois, l'Armée française occupa Tunis (10 octobre 1881) où elle fut reçue par les représentants du Bey, s'empara de Kairouan (26 octobre) et se répandit dans toute la Régence qu'elle pacifia complètement et définitivement, refoulant les dissidents en Tripolitaine, d'où ils implorèrent leur pardon.

Aussi, le Bey Mohamed Es-Sadok, après avoir congédié et remplacé l'incapable et hostile Mustapha ben Ismaïl, s'était-il déclaré plein de reconnaissance envers la France pour sa sûreté reconquise et prêt à achever l'exécution du traité en acceptant la réalisation des réformes qui y sont prévues.

Mais M. Roustan ne devait pas mettre à profit ses bonnes dispositions : il avait présidé à la répression et, quelque modérée qu'elle eût été, encouru de ce chef en France des critiques et des hostilités irréconciliables. C'est alors que le Gouvernement de la République, pour lui tenir compte de ses grands services, le nomma Ambassadeur à Washington, et fit appel à Paul Cambon pour lui succéder en Tunisie.

*
* *

Le nouveau Ministre Résident s'était acquis à la Préfecture de Lille la réputation d'un homme « particulièrement doué pour le pou- « voir et pour l'action, capable d'appliquer le traité de Kassar- « Saïd et de fonder et de mettre à l'essai le nouveau système d'ad- « ministration et de gouvernement, dont le traité comportait l'orga- « nisation en Tunisie » [1].

Sans doute, le traité ne contient pas le mot même de Protectorat ; mais Jules Ferry avait, le 12 mai 1881, devant le Sénat, répudié tout projet d'annexion, toute idée de conquête, et les stipulations du traité impliquent bien l'établissement d'un Protectorat en Tunisie.

Quant aux modalités de ce Protectorat, le traité ne les précise pas ; mais il laissait toute latitude au Résident, préposé à son exécution, de les dégager de ses rapports avec les Autorités tunisiennes tou- chant les affaires communes des deux pays (art. 5) et d'élaborer avec elles une organisation financière propre à assurer le service de la Dette publique et à garantir les droits des créanciers de la Tunisie (art. 7).

C'est cette tâche qui allait être celle de Paul Cambon.

On lui faisait confiance et on s'en rapportait à son ingéniosité pour le choix des moyens à employer afin d' « asseoir en Tunisie l'autorité « et la civilisation de la France tout en respectant les institutions de « la Régence. La Métropole entendait, au surplus, n'y rien dépen- « ser, sauf pour l'entretien de l'Armée française, la réduction des « effectifs devant être d'ailleurs la préoccupation constante du nou- « veau Résident » [2].

Paul Cambon s'embarqua à Toulon le 31 mars 1882 sur l'aviso « L'Hirondelle » et arriva à Tunis le 2 avril.

Après un premier contact avec les hommes et les choses de Tu- nisie, il revint à Paris au mois de mai et déclara possible de con-

---

(1) JULES FERRY : Préface de septembre 1892 à l'ouvrage de M. NARCISSE FAUCON « La Tu- nisie », Challamel, éditeur, Paris, 1893.

(2) JULES FERRY : Op. cit.

server et réorganiser l'administration tunisienne sous le contrôle de la France, à la condition de la libérer de l'emprise exercée sur elle, au point de vue judiciaire, par les Capitulations et, au point de vue financier, par la Commission financière internationale [1]. On verra plus loin en quoi consistaient ces entraves. Paul Cambon obtint l'adhésion complète du Ministre des Affaires Étrangères à son programme et repartit aussitôt pour Tunis afin de l'appliquer.

*
* *

Le Bey Mohamed Es-Sadok vivait encore, mais, malade, il devait mourir le 27 octobre suivant. Le lendemain, son frère Ali Bey lui succéda. Le loyalisme de ce dernier s'affirma dès son avènement au trône et ne se démentit pas un seul instant au cours de son long règne qui dura 24 ans, jusqu'en 1906. Le Premier Ministre, Si Mohamed El Aziz Bou Atour, esprit fin et délicat, se révéla lui-même comme un administrateur de premier ordre qui demeura profondément dévoué à l'œuvre du Protectorat jusqu'à l'heure de sa mort (14 février 1907).

Le Traité de Kassar-Saïd avait maintenu la souveraineté du Bey qui continuait à réunir le pouvoir législatif et le pouvoir exécutif. Tout le système politique, judiciaire et administratif, reposait sur son autorité, sauf les limitations résultant de l'existence de la Commission financière, des Juridictions consulaires et du Service des Postes et des Télégraphes confié à la France par une convention du 19 avril 1861 et qui, dépendant directement de la Métropole, releva désormais de la Résidence.

L'Administration était tout entière sous la direction du Premier Ministre et de ses collaborateurs indigènes, les Ministres de la Plume, des Finances, de la Guerre et de la Marine.

Le titre de Ministre de la Guerre fut tout d'abord transféré au

---

(1) Le Gouvernement du Bey était en outre paralysé par les traités qui le liaient avec les Puissances étrangères (traités des 10 octobre 1863 et 19 juillet 1875 avec l'Angleterre; traité du 8 septembre 1868 avec l'Italie). Mais la France en avait garanti l'exécution par le traité de Kassar-Saïd, art. 4, et elle se réservait le soin, qu'elle n'a jamais négligé, d'en négocier l'amélioration. Elle l'a obtenue en partie en 1896-1897.

Général commandant les Troupes françaises d'occupation comme conséquence de l'article 3 du traité de Kassar-Saïd. Ce qui était utilisable dans les Troupes tunisiennes composa la garde du Bey ou fut versé soit dans l'Armée d'occupation, soit dans le corps des Zaptiés (police) de Tunis et la Goulette. Le surplus fut licencié. Pour assurer la continuation du recrutement d'hommes propres au service, on maintint en vigueur un décret beylical du 15 redjeb 1276 (7 février 1860) qui avait institué en Tunisie un régime de conscription et de tirage au sort, mais la durée du service militaire fut réduite de huit à deux ans. Le budget tunisien pourvut aux frais de l'entretien de la Garde beylicale et du Service du recrutement qui subsistent toujours sous la direction d'officiers français formant l'Administration centrale de l'Armée tunisienne.

Quant à la Marine tunisienne, elle ne comprenait que deux vieux navires immobilisés dans les ports de la Goulette et de Sfax et qui, inutilisables, furent réformés et vendus en 1883 pour le compte du budget tunisien. Le Ministère de la Marine fut ainsi supprimé.

Toute l'Administration civile était groupée au Ministère d'Etat, et le Premier Ministre reconnaissait la nécessité de le diviser. Les premiers actes de Paul Cambon furent d'en dégager l'Administration des Travaux Publics, puis celle des Finances.

La première qui, malgré ses doléances, n'avait pu jusqu'alors obtenir de crédits pour travaux [1], fut organisée par un décret du 3 septembre 1883, en cinq directions (ponts-et-chaussées, chemins de fer, ports et phares, hydraulique et aménagement des eaux, mines). Plus tard, un décret du 28 juin 1883 lui adjoignit une sixième direction, celle des forêts. M. Grand, ingénieur au corps des mines, fut mis à sa tête et lui donna une vive impulsion grâce aux crédits qui

---

(1) Les comptes de gestion des Revenus réservés au Gouvernement n'accusent pour la période du 15 décembre 1869 au 12 Octobre 1883 qu'un total de 693.814 francs de travaux contre 225.073 francs de dépenses du personnel et 310.976 francs de dépenses de matériel. Les chemins de fer construits avant le Protectorat l'ont été des deniers des Compagnies concessionnaires à qui le Protectorat les a rachetés depuis lors.

Un ingénieur français s'étant plaint un jour au Premier Ministre de l'époque, Mustapha Khaznadar, de n'avoir pas de crédits pour travaux, s'attira cette réponse : « Ton traitement t'est payé et tu demandes davantage, tais-toi, car je supprimerai ton traitement si tu veux faire des travaux ». (Discours de PAUL CAMBON, Commissaire du Gouvernement, du 2 avril 1884 devant la Chambre des Députés).

lui furent alloués et dont l'importance ne fut pas inférieure au tiers du budget.

L'Administration des Finances avait à sa tête un Ministre indigène des Finances duquel relevaient les affaires financières ne rentrant pas dans les attributions de la Commission financière dont il est question plus loin. Un décret du 4 novembre 1882 les confia à M. Depienne, Vice-Président de la Commission financière, qui se trouva ainsi détenir désormais, à deux titres différents, la direction de toutes les finances de la Tunisie et reçut le titre de Directeur des Finances. Dès le 12 mars 1883, un autre décret, complété le 19 décembre suivant, traça les règles de la comptabilité publique en Tunisie, proclama le principe de la publicité budgétaire et posa les bases de l'organisation du futur budget tunisien.

Les affaires de l'Enseignement furent de même confiées, par décret du 6 mai 1883, à un professeur français, M. Machuel, emprunté au cadre algérien, qui s'était adonné particulièrement à l'étude de la langue arabe littéraire et vulgaire et qui était préparé à appliquer les méthodes les plus pratiques pour initier les jeunes indigènes aux éléments de la langue française et les jeunes français aux éléments de la langue arabe, condition nécessaire de la collaboration des deux races. Les écoles coraniques furent maintenues à côté des écoles franco-arabes. Une partie du temps de scolarité des élèves indigènes était réservée à l'enseignement de la religion dans la langue du Coran par des moueddebs formés à la Grande Mosquée de Tunis.

Ces distractions faites, l'Administration générale resta une Administration indigène, dirigée par le Premier Ministre et le Ministre de la Plume, et ayant, comme précédemment, pour agents d'exécution, les Caïds locaux et leurs sous-ordres, les Cheikhs, dont les attributions ne furent pas changées : représentants de l'Administration générale [1], ils sont, en outre, collecteurs de l'impôt et, à ce dernier titre, dépendent aussi de la Direction des Finances [2].

---

[1] On verra plus loin que le Gouvernement français institua en 1884 les Contrôleurs civils pour remplir auprès des Caïds le même rôle que le Secrétaire général du Gouvernement auprès des Ministres indigènes.

[2] Il leur est alloué à titre de rémunération 10 % de leurs recouvrements qu'ils se partagent par moitié (5 % aux Caïds, 5 % aux Cheikhs).

Réorganisée par un décret beylical du 4 février 1883, l'Administration générale fut répartie en services embrassant l'Administration, la Police et la Gendarmerie indigène, la Justice Civile et la Justice criminelle des indigènes, la Direction centrale des Municipalités et l'Administration Pénitentiaire. Il fallait, auprès de cette Administration indigène, subsistant ainsi tout entière, un agent chargé des attributions de direction et de surveillance que le Protectorat a dévolues à la France. Le décret beylical du 4 février 1883 y pourvut en créant le poste de Secrétaire général du Gouvernement Tunisien. Cet emploi fut confié à un haut fonctionnaire français chargé d'exercer auprès du Premier Ministre et du Ministre de la Plume les mêmes fonctions que celles du Résident auprès du Bey. Notamment, toute la correspondance, aussi bien à l'arrivée qu'au départ, passe sous ses yeux [1]; aucun acte législatif ou réglementaire, émané des Ministres indigènes ou d'un Directeur français, n'est exécutoire que s'il est inséré au *Journal Officiel Tunisien*; aucune publication, d'ailleurs, ne peut être faite à ce Journal sans l'autorisation du Secrétaire général.

Le premier titulaire de la nouvelle fonction fut M. Maurice Bompard, ancien collaborateur de Paul Cambon à Lille, nommé en même temps que lui en Tunisie comme Secrétaire d'Ambassade, en attendant de devenir Délégué à la Résidence générale au départ (14 juin 1884) de M. d'Estournelles de Constant qui écrivit plus tard l'histoire de cette période de l'action diplomatique du Ministère des Affaires Étrangères.

M. Bompard fut à Tunis, comme il l'avait été à Lille, le plus intime des collaborateurs de Paul Cambon, l'interprète laborieux et fidèle de sa pensée, celui qui excellait à donner à ses conceptions une forme juridique irréprochable. M. Bompard avait M. Regnault comme Secrétaire général adjoint. M. Regnault, avec l'aide de M. Roy, d'abord Vice-Consul de France au Kef avant de le remplacer au Secrétariat général du Gouvernement et qui, vivant depuis longtemps en Tunisie, avait la confiance des milieux musulmans, prit une part active à la réforme de la législation indigène.

---

[1] De même que, plus tard, toute la correspondance arrivant aux Caïds ou émanant d'eux dut passer par les Contrôleurs civils.

A la réforme de l'Administration générale se rattacha celle des Municipalités à chacune desquelles présida un haut fonctionnaire indigène assisté d'un ou deux Vice-Présidents français et d'un Conseil composé de français, étrangers et indigènes désignés comme le Président et les Vice-Présidents par le Gouvernement. C'est pour que la paix régnât dans la Régence entre les diverses communautés et qu'aucune ne pût se plaindre d'être opprimée par les autres, que toutes ont été représentées dans les Conseils municipaux. Mais le Gouvernement s'était réservé de choisir les meilleurs parmi les hommes d'expérience ayant donné des gages de leur esprit de conciliation et éloignés de tout penchant à exploiter les rivalités de tous. Les attributions et les ressources des Municipalités furent définies, et leurs recettes et dépenses confiées à des Receveurs municipaux français soumis au contrôle de la Direction des Finances. La police du périmètre communal leur fut attribuée et assurée par un corps d'agents encadrés dits « Zaptiés » provenant de la réforme de l'Armée tunisienne (579 hommes et 30 officiers à Tunis; 43 hommes et 4 officiers à la Goulette).

L'Administration civile était installée au Bardo. Comme la plupart des fonctionnaires habitaient Tunis, leurs allées et venues entre cette ville et le Bardo préjudiciaient à la marche des affaires, et la population de Tunis se plaignait de l'éloignement des bureaux. Le Bey, qui s'était installé à la Marsa, consentit volontiers à leur transfert à Tunis, sur la place de la Kasbah, dont l'Administration générale, les Finances et les Travaux Publics, occupèrent les trois côtés, en face de la Kasbah, constituant le centre défensif de Tunis. Le Bey tint à procéder lui-même à l'inauguration des Services le 29 mars 1883 et, pour marquer sa satisfaction et s'associer à celle de la population, manifestée en termes chaleureux par ses représentants aux réceptions du 1er janvier 1884, conféra lui-même, séance tenante, le Grand-Cordon du Nichan-Iftikhar à M. Bompard.

*
* *

La réunion, sous la présidence du Ministre Résident, du Délégué à la Résidence, des Ministres indigènes, du Général commandant les Troupes d'occupation, Ministre de la Guerre du Bey, du Secrétaire général du Gouvernement et des Directeurs français des Finances, des Travaux Publics, de l'Enseignement et des Postes et Télégraphes, constitua, sous la dénomination de Conseil des Ministres et Chefs de Services, le Conseil du Gouvernement où s'élaborent le budget et la législation du Protectorat. Il se réunit au moins une fois par mois pour les questions de crédits. Cette institution subsiste toujours.

*****

La Justice en Tunisie était rendue, en 1881, par les Tribunaux indigènes, dont la compétence était exclusivement limitée aux sujets musulmans, et par les Tribunaux consulaires, chaque Consul en Tunisie des Puissances étrangères étant, en vertu des Capitulations, juge des conflits intéressant ses nationaux.

Les Tribunaux indigènes étaient le Châra et l'Ouzara ; le premier, tribunal religieux, rendant ses arrêts d'après la loi de l'Islam ; le second, tribunal laïque, relevant de l'Administration générale et jugeant d'après la loi séculière tunisienne, dérivée en grande partie de la loi religieuse, en matière civile et en matière pénale. Cette organisation fut maintenue. Seul, un décret du 14 février 1885 réglementa à nouveau la procédure devant l'Ouzara en édictant notamment des dispositions spéciales pour la protection de la liberté individuelle.

Les Juridictions consulaires étaient, par leur multiplicité même, la cause de désordres et de conflits insupportables à toute la population. Aussi Paul Cambon s'attacha en tout premier lieu à les remplacer par la Justice française. « L'institution de la Justice fran« çaise, disait-il, est le premier pas dans la voie de l'organisation « définitive du Protectorat. Le Gouvernement commence par la Jus« tice, estimant qu'elle est la source de tout ordre, la condition pre« mière de toute réforme, l'unique protectrice des individus dans un « pays où n'existe pas d'ordre public, la gardienne des intérêts légi« times et des prérogatives de l'Etat contre les entreprises des par« ticuliers ». Pour réaliser ce programme, il obtint du Gouvernement et du Parlement français une loi du 27 mars 1883 créant un

Tribunal français et six justices de paix en Tunisie pour le jugement de toutes les affaires civiles et commerciales entre français et protégés français et des poursuites contre eux pour contraventions, délits ou crimes. Comme la loi prévoyait que la compétence de ces tribunaux pourrait être étendue à toutes autres personnes par décrets du Bey, un décret beylical du 5 mai suivant disposa que les nationaux des Puissances amies dont les Tribunaux consulaires viendraient à être supprimés, deviendraient justiciables des Tribunaux français dans les mêmes cas et les mêmes conditions que les Français eux-mêmes. Grâce à des négociations habilement menées auprès des Puissances et de leurs Consuls à Tunis, et appuyées sur la renommée d'équité, d'impartialité et de science juridique de la Justice française, que les Tribunaux français de Tunisie ne tardèrent pas à justifier, toutes les Puissances, après certaines résistances prévues, finirent par renoncer à leurs Juridictions consulaires dont la clientèle fut « ipso facto » transférée aux Tribunaux français. L'Angleterre fut la première à donner l'exemple.

En matière de finances, le Bey, réduit, dès 1868, à l'état de faillite par une gestion désordonnée, avait dû, par ses décrets des 4 avril 1868 et 5 juillet 1869, qui ont constitué un véritable concordat par abandon d'actif, abandonner à ses créanciers français, anglais et italiens, la moitié environ (6.505.000 francs) de ses revenus pour leur assurer le paiement des intérêts de sa dette. Il leur avait concédé le droit de les percevoir.

La mission de représenter les créanciers et d'exercer leurs droits fut attribuée par les décrets précités à une Commission financière internationale composée, sous la présidence du Premier Ministre et la vice-présidence d'un Inspecteur des Finances français, d'un fonctionnaire tunisien et de six représentants des créanciers dont deux français, deux anglais et deux italiens. Les travaux préparatoires de la Commission financière aboutirent à un accord connu sous le nom d'« Arrangement du 23 mars 1870 ». Placé sous la sauvegarde des trois Gouvernements d'Angleterre, de France et d'Italie, approuvé par décret du 25 mars suivant, il s'est traduit par la substitution à toutes les dettes passées de la Tunisie, d'un total déclaré et vérifié de 350 millions, d'une dette consolidée de 125 millions de francs sous la forme de 250.000 obligations de 500 francs productives d'intérêts annuels à 5 % payables par semestre les 1er janvier et 1er juillet, à Paris, Londres, Florence et Tunis [1].

La Commission financière avait constitué toute une administration dite « des Revenus concédés » pour percevoir ces revenus et en affecter le produit au paiement des coupons de la Dette. Au fond, elle constituait un Etat dans l'Etat en même temps qu'une sorte de Protectorat financier des trois Gouvernements d'Angleterre, de France et d'Italie sur la Tunisie.

Frappé de cette analogie, et désireux de rendre à la Tunisie le plus promptement possible la maîtrise de tous ses revenus, Paul Cambon ne fut pas long à reconnaître qu'il ne pourrait obtenir le désistement des créanciers représentés par les Membres de la Commission financière internationale qu'en substituant à l'Arrangement de 1870 la garantie, autrement moins précaire, de la Dette tunisienne par la France, déjà protectrice politique de la Tunisie.

Il eut la bonne fortune de se rencontrer dans ce programme avec le vice-président de la Commission financière, l'Inspecteur français des Finances, M. Depienne, qu'il avait déjà désigné comme Directeur des Finances et en qui il trouva un collaborateur de premier ordre, aussi patriote que bon financier, pour la réalisation progressive, mais rapide, de ses vues.

Mais, au Parlement, des mots avaient été prononcés qui faisaient présager une hostilité certaine à cette solution. « Pas de garantie de la Dette Tunisienne », avait-on dit. Il était donc indiqué de se prémunir par avance contre cette hostilité : il fallait réaliser auparavant en Tunisie un ensemble de réformes financières tel que la Régence pût se suffire à elle-même et convaincre la France que la garantie qu'on devait lui demander resterait purement nominale et ne risquerait pas de jouer au préjudice des contribuables français.

---

[1] Toute réclamation non produite à la Commission financière internationale dans les délais prévus par un décret du 9 octobre 1880 complémentaire de celui du 5 juillet 1869 et de l'arrangement du 23 mars 1870, s'est trouvée atteinte par la déchéance de cinq et six ans des articles 43, 44 et 45 du décret du 12 mars 1883 courue du 13 octobre 1883, de telle sorte que la Tunisie s'est trouvée ainsi couverte par la prescription contre toute dette passée.

*
* *

Le Bey avait jusqu'alors, on l'a vu, souscrit non seulement avec facilité, mais aussi avec bienveillance et intérêt, à la réorganisation des Services du Protectorat. Pressenti sur les projets plus accentués encore de Paul Cambon, il adopta avec empressement l'idée de la suppression de la Commission financière et manifesta sa résolution par un acte éclatant, la signature du Traité de Tunis, le 8 juin 1883.

Ce traité lui fut présenté par Paul Cambon pour confirmer et compléter en tant que de besoin celui du Bardo du 12 mai 1881, dont l'article 7 prévoyait que le Gouvernement de la République et le Gouvernement de S. A. le Bey se réservaient de fixer d'un commun accord les bases d'une organisation financière de la Régence de nature à assurer le service de la Dette publique et à garantir les droits des créanciers de la Tunisie.

Le Bey, pour faciliter au Gouvernement français l'accomplissement de son Protectorat (le mot est écrit cette fois au traité de 1883), s'y engage à procéder aux réformes administratives, judiciaires et financières que le Gouvernement français jugera utiles et s'interdit de contracter jamais aucun emprunt pour le compte de la Régence sans l'autorisation du Gouvernement français.

En contre-partie, le traité prévoit que le Gouvernement français garantira, à l'époque et sous les conditions qu'il jugera les meilleures, un emprunt à émettre par le Bey pour la conversion ou le remboursement de la Dette consolidée tunisienne de 1870 de 125 millions de francs et de sa dette flottante jusqu'à concurrence d'un maximum de 17.550.000 francs.

*
* *

En même temps qu'il signait ce traité, le Bey accentuait sa promesse de réformes en acceptant le premier budget établi suivant les règles du Protectorat, celui de l'exercice financier 1300 [1], embras-

---

[1] Les budgets tunisiens étaient datés des années de l'hégire, mais avaient la durée d'une année solaire. Le précédent, celui de 1299 (13 octobre 1882-12 octobre 1883), établi antérieurement au décret du 12 mars 1883, avait été dressé d'après les méthodes anciennes.

...nt la période du 13 octobre 1883 au 12 octobre 1884. Sans doute ce budget était limité aux revenus dits « réservés », c'est-à-dire aux seuls dont le Gouvernement disposait alors, à l'exclusion des revenus concédés aux créanciers et gérés par la Commission financière, lesquels n'ont pris place dans le budget du Protectorat qu'après la suppression de la Commission. Mais il faisait pour la première fois l'application du décret organique signé par le Bey le 12 mars 1883.

Paul Cambon, en le présentant lui-même au Bey [1], a tenu à lui signaler les règles ayant présidé à son établissement. « Si », dit Paul Cambon, « on a pu atteindre en recettes un total de 10.218.501 piastres, c'est en raison des ressources supplémentaires trouvées dans un certain nombre de taxes qui, bien que perçues, n'étaient cependant pas versées dans les caisses de l'État. C'est là une des premières réformes accomplies ; il sera nécessaire de la poursuivre, dans l'intérêt du bon ordre financier, pour tous les revenus qui échappent encore au contrôle du Gouvernement. En ce qui concerne le budget des dépenses, il présentait, les exercices précédents, une série d'articles incohérents, se suivant sans méthode, les uns comprenant, en un seul chiffre, les services les plus variés, les autres ouverts à des dépenses insignifiantes. Mais Votre Altesse a, par son décret du 12 mars 1883, en même temps qu'elle ordonnait la publication du budget général de l'État, prescrit de diviser méthodiquement le budget des dépenses en chapitres par services, en sections par natures de dépenses, et en articles dans lesquels les Ministres seront tenus de se renfermer sans recourir à des virements. Conformément à ces prescriptions, le budget pour 1300 a été divisé en quatre chapitres correspondant aux quatre grands services des Finances, de l'Administration générale, de l'Armée Tunisienne et des Travaux Publics. En ce qui concerne les Finances, il a été pourvu à leurs besoins avec une extrême économie. Votre Altesse et la famille beylicale ont tenu à donner les premiers l'exemple des sacrifices que nécessite la

---

[1] Cette procédure de présentation du budget par le Résident au Bey n'a pas cessé d'être suivie et, aujourd'hui encore, suivant le précédent de Paul Cambon, le Résident s'attache à en exposer au Bey les caractéristiques essentielles et les mesures le distinguant des antérieurs. Le Rapport préalable du Résident est, par suite de cette tradition, devenu le véritable Exposé de motifs du Budget annuel du Protectorat.

« situation financière du Pays. Sur le chapitre de l'Administration
« générale, de notables réductions ont également été opérées. Les
« crédits affectés aux polices de Tunis et de la Goulette ont seuls
« été augmentés. Désormais, le corps des Zaptiés est suffisamment
« doté et les abus dont se plaignait la population, mais qui résul-
« taient de l'insuffisance de la solde, devront immédiatement dispa-
« raître. L'Armée Tunisienne a été complètement réformée. Elle se
« compose d'un bataillon d'infanterie avec musique, d'un peloton
« de cavalerie et d'une section d'artillerie. Ces troupes seront armées
« et entretenues comme l'Armée française elle-même ; elles forme-
« ront une garde digne de Votre Altesse. Dans le service des Tra-
« vaux Publics, aucun crédit ne lui était ouvert aux précédents bud-
« gets. Un corps complet d'Ingénieurs et d'agents d'exécution sera
« constitué. Grâce aux crédits relativement considérables alloués
« pour l'exercice prochain, et aux sommes mises à la disposition
« de ce service par la Commission financière et la Caisse des phares,
« il sera procédé à la réfection de toutes les routes autour de Tunis,
« à la construction de celle de Béja-ville à Béja-gare, à l'améliora-
« tion de 100 kilomètres de voies publiques, dans toute l'étendue de
« la Régence, à la restauration ou à l'installation des quais d'ap-
« pontement des ports, à l'établissement d'un phare sur l'île Kemea.
« La Direction des Travaux Publics emploiera dans le courant de
« l'année une somme de 4.576.876 piastres. Le service des forêts a
« été créé : dès la première année, 349.300 piastres lui sont alloués,
« dont 175.000 affectés au démasclage des chênes-lièges. Le budget
« de l'Algérie ne dispose pas dans ce but d'une aussi forte dotation.
« Un chapitre V a été affecté aux dépenses imprévues et doté de
« 200.000 piastres, dont il ne pourra être disposé qu'avec l'assenti-
« ment du Comité exécutif de la Commission financière et dans les
« formes édictées à l'article 20 du décret du 12 mars 1883. En résu-
« mé, concluait Paul Cambon, grâce à de sévères économies, à la
« centralisation des ressources, à la régularisation des dépenses, il
« a été possible d'organiser une police et une armée, de doter les
« Travaux Publics, de mettre en valeur les Forêts. Il restera encore
« bien des améliorations à poursuivre, des travaux à exécuter, des
« richesses naturelles à exploiter. Ce sera l'œuvre de Votre Altesse :
« grâce à l'appui de la France, elle pourra la mener à bonne fin et

« conduire son peuple dans les voies du progrès et de la civilisa-
« tion. »

**

Le Traité de la Marsa du 8 juin 1883 fut, dès sa signature, trans-
mis à Paris. Sa ratification fit l'objet d'un projet de loi déposé
le 31 juillet sur le bureau de la Chambre des Députés. La Commission du Budget en fut saisie séance tenante, entendit Paul
Cambon et désigna M. Antonin Dubost, favorable au traité, comme
Rapporteur. Cependant la Tunisie dut attendre huit mois qu'il vînt
en discussion devant la Chambre. C'est que l'opposition parlementaire, à laquelle s'était déjà heurtée Jules Ferry, en 1881, lorsqu'il
établit le Protectorat de la France en Tunisie, n'avait pas désarmé
et qu'elle s'efforça, dans cette circonstance encore, de combattre un
projet qui, manifestement, devait consacrer d'une façon définitive
l'œuvre du Protectorat.

Désigné comme Commissaire du Gouvernement pour la défense de
ce projet devant la Chambre des Députés, Paul Cambon prit la
parole à la séance du 31 mars 1884.

Il dut d'abord démontrer que la Dette tunisienne à rembourser
n'était bien que de 125 millions pour la Dette consolidée — (sur ce
point les arrangements internationaux de 1870 donnaient à sa démonstration une force irréfutable) — et de 17 millions et demi pour
la Dette flottante contractée par l'Administration beylicale depuis
1870. Le Rapporteur du projet de loi en avait déjà établi l'origine
et les causes (reliquats de coupons impayés et déficits budgétaires
accumulés).

A l'objection qui lui était faite de la prétendue impossibilité pour
le Gouvernement tunisien d'assurer le service de cette Dette et du
danger soi-disant certain que le projet de loi faisait courir à la
France en lui en imposant la garantie, Paul Cambon put répondre victorieusement par le simple exposé des réformes déjà réalisées par le Protectorat en plein accord avec le Bey, notamment en
matière financière et budgétaire. Il fit ressortir les économies déjà
obtenues par la suppression des services inutiles et des abus, et les
recettes nouvelles déjà acquises et à attendre encore d'une exacte ren-

trée des taxes, d'un contrôle serré de leur perception et de la mise en produit des ressources forestières et autres du Pays.

Paul Cambon continua en s'attachant à mettre en lumière les méthodes de publicité et de régularité budgétaires récemment introduites dans la législation tunisienne et dont une première application venait d'être faite à l'exercice financier tunisien 1300 en cours, du 13 octobre 1883 au 12 octobre 1884. Combien, à ce moment, Paul Cambon dut se féliciter d'avoir fait cette démonstration, plusieurs mois auparavant, dans son rapport préalable au Bey sur le budget de 1300 ! Ce rapport n'avait pas été fait pour les besoins de la discussion devant la Chambre, et son existence donna aux débats une force de sincérité impressionnante.

« Sans doute », continua en substance Paul Cambon, « le bud-
« get de 1300 est limité aux revenus réservés au Gouvernement bey-
« lical par les Arrangemenfs de 1870, mais les finances tunisiennes
« ne doivent-elles pas, dès le vote du projet de loi et de la garantie
« de la France, s'accroître de tous les revenus concédés par ces ar-
« rangements à la Commission financière, qui n'aura plus alors qu'à
« se dissoudre ? Or, ces revenus, s'élevant à 6 millions et demi de
« francs par an, ont suffi de 1870 à 1884 à assurer l'exact service de
« la Dette consolidée de 1870. Bien plus, ils sont depuis le Protectorat
« en progression extraordinaire : cette progression, signalée dans l'ex-
« posé des motifs du projet de loi, n'a pas été moindre en 1882 de
« 3.098.000 francs; elle a porté sur les droits de douane, d'impor-
« tation et d'exportation, et les affermages d'impôts. Elle s'est d'ail-
« leurs, en 1883, accrue encore de 1.850.000 francs. Bien plus, les
« droits réservés ont à leur tour présenté une plus value de 2.378.000
« francs. Vainement a-t-on voulu attribuer cet accroissement de re-
« cettes à la présence en Tunisie du Corps d'occupation; mais son
« effectif n'a pas excédé 12.000 hommes, et, tout au plus, peut-on
« admettre qu'il ait contribué dans une faible mesure à alimenter
« les droits sur les vins qui n'ont en tout rapporté que 893.000
« francs. Non, les plus values d'impôts sont dues au développement
« des affaires, à l'extension de la culture et des constructions, à
« l'augmentation de la population européenne, à l'heureuse in-
« fluence morale du Protectorat et à la confiance qu'il inspire aux

« indigènes, lesquels accentueront encore leurs progrès à mesure
« de la plus longue durée de notre bienfaisante action.

« Donc, la garantie de la Dette tunisienne par la France n'entraî-
« nera aucune charge pour les contribuables français vis-à-vis des-
« quels elle restera certainement nominale. Et elle permettra à la
« Tunisie, — en satisfaisant à ses engagements matériels, — de re-
« cueillir le bénéfice moral de l'intervention de la Mère-Patrie et de
« supprimer la Commission financière internationale dont la pré-
« sence contrarie l'action politique et les réformes économiques du
« Protectorat. »

Et, alors, Paul Cambon rappela que « cette Commission
« n'avait d'autre fonction, d'autre but, que d'assurer exactement le
« paiement des coupons aux porteurs de titres tunisiens; qu'elle
« n'avait dès lors à se préoccuper ni du bien du Pays ni du dévelop-
« pement de ses ressources naturelles, et encore moins de l'influence
« française en Tunisie; que, comprenant sur neuf membres, trois
« français seulement et six étrangers, et dirigée par un Comité exé-
« cutif où un de ces Français, malgré son titre de vice-président,
« pouvait être mis en minorité en toute occasion, et notamment pour
« la nomination des fonctionnaires de l'Administration des revenus
« concédés, elle pouvait, au point de vue politique, créer à la Fran-
« ce, malgré ses troupes d'occupation et son Protectorat, une situa-
« tion politique intolérable et constituer une Administration échap-
« pant à son action. D'autre part, elle paralysait le Protectorat dans
« la réalisation de trois réformes essentielles et immédiates : la resti-
« tution aux Villes de celles de leurs taxes que le Bey, en 1870, leur
« a arrachées pour les attribuer à ses créanciers; la suppression ou
« la réduction des droits de douane à l'exportation des blés et des
« légumes et à l'exportation des huiles, concédés également aux
« créanciers; et la diminution de l'impôt de capitation. Or, ces trois
« réformes ne pouvant être réalisées tant que la Commission finan-
« cière subsistera », Paul Cambon conclut « en exprimant l'espoir
« que la Chambre consentirait à voter les mesures nécessaires à sa
« suppression, c'est-à-dire la garantie de la Dette tunisienne. »

Après lui, M. Jules Ferry, Président du Conseil, Ministre des
Affaires Etrangères, intervint pour reprocher vigoureusement à l'op-

position « son hostilité à l'encontre du Protectorat et ses préférences
« pour l'annexion qu'entraînerait, à coup sûr, le rattachement du
« budget tunisien au budget français, dont il ne serait qu'une an-
« nexe. Mais le Gouvernement, tenu d'ailleurs par les traités, ne
« peut consentir à la suppression de la forme actuelle d'occupation
« de la Tunisie, — la forme du Protectorat, — à laquelle il tient
« parce qu'il la considère comme la plus économique et celle impo-
« sant au Gouvernement français le moins de charges et de res-
« ponsabilités. »

« Nous conserverons, dit Jules Ferry, à la France en Tunisie cette
« situation de Protectorat, de puissance protectrice ; elle a pour nous
« de très grands avantages ; elle nous dispense d'installer dans un
« pays une Administration française, c'est-à-dire d'imposer au bud-
« get français des charges considérables ; elle nous permet de sur-
« veiller de haut, de gouverner de haut, de ne pas assumer, malgré
« nous, la responsabilité de tous les détails de l'Administration, de
« tous les petits faits, de tous les petits froissements que peut ame-
« ner le contact de deux civilisations différentes. C'est, à nos yeux,
« une transition nécessaire, utile, qui sauvegarde la dignité du
« vaincu, chose qui n'est pas indifférente en pays musulman, terre
« arabe. Oui, Messieurs, sauvegarder la dignité du vaincu, c'est
« assurer la sécurité de la possession.

« Le Protectorat n'aurait pour lui que cette considération, que
« cette supériorité sur l'annexion, que nous tiendrions au Protec-
« torat. Mais, je le répète, il est évident que le Protectorat est beau-
« coup plus économique, et que la Tunisie, comme vous l'expliquait
« tout à l'heure, dans son discours si complet, si lucide et si auto-
« risé, M. le Commissaire du Gouvernement, que la Tunisie, en de-
« hors des sommes nécessaires à l'entretien du Corps d'occupation,
« peut être aujourd'hui gérée sans coûter un sou au Trésor français,
« tandis que si vous la transformiez en un département algérien,
« vous sauriez, Messieurs, ce que vous auriez à payer.

« Nous tenons au Protectorat, nous voulons le maintenir, nous
« croyons que c'est l'intérêt du Pays, la volonté de la Chambre.
« Mais, pour le maintenir, gardez-vous d'excéder la mesure des en-
« gagements prévus par la convention qui vous est aujourd'hui
« soumise. »

Jules Ferry précisa ensuite ces engagements : « Le Bey s'interdira
« tout emprunt sans le consentement de la France qui n'en veut pas
« et ne laissera pas la Tunisie aliéner ou concéder ses forêts, son
« domaine. Quant au contrôle à exercer sur elle, et à l'examen de
« son budget, il sera assuré, non par le Parlement, mais par l'inter-
« médiaire du Ministre des Affaires Étrangères et de celui des Fi-
« nances, sous la responsabilité collective de tous les Ministres, du
« Conseil tout entier. Le Gouvernement adressera chaque année au
« Président de la République un Rapport détaillé sur les opérations
« financières de la Régence, sur l'action et sur le développement du
« Protectorat, et ce Rapport sera distribué aux Chambres. »

A la séance du 3 avril 1884, où la discussion avait été renvoyée,
le projet de loi fut voté avec deux amendements tendant, l'un à
subordonner les emprunts du Bey à l'autorisation législative, l'autre
à préciser l'obligation du Rapport annuel admis par le Président du
Conseil.

Le texte ainsi amendé fut soumis au Sénat le 8 avril et voté après
une intervention heureuse de Jules Ferry. Il fut promulgué le lendemain 10 avril.

Le 27 mai suivant, un décret du Bey, après avoir rappelé son but
d'assurer la conversion ou le remboursement de la Dette tunisienne
consolidée et flottante, autorisait la négociation d'un emprunt dont
le produit net ne pouvait excéder 142.550.000 francs, réalisable en
une rente perpétuelle de 4 % sous forme de 315.376 obligations de
500 francs productives d'un intérêt annuel de 20 francs payable par
semestre échu les 1er janvier et 1er juillet et à partir du 1er janvier
1885.

Et, le 28 mai, un décret du Président de la République déclarait
cet emprunt garanti par le Gouvernement de la République française.

**

Paul Cambon pouvait, après ce grand succès, compter sur la
reconnaissance du Bey et de la population tunisienne. Accueilli

avec enthousiasme à son retour à Tunis, le 12 juin, il reçut les félicitations de la Colonie française et de plusieurs colonies étrangères.

Dans sa réponse, constatant la réalisation du double but poursuivi depuis deux ans en faveur de la Tunisie redevenue désormais maîtresse de son indépendance financière et dotée d'une juridiction égale et uniforme pour les Européens, il déclara « le moment venu « d'entreprendre les réformes et améliorations annoncées — dégrè- « vements, travaux des villes, coordination des lois sur la propriété « constituant les assises de la Colonisation, répression des abus —, « mais avec toute la prudence et les préparations nécessaires et sans « perdre de vue les nécessités budgétaires, tout déficit exposant la « Tunisie à perdre les sympathies qu'elle venait de s'acquérir en « France. »

Et, de fait, à partir de cette déclaration, confirmée le 14 juillet suivant, toujours avec les mêmes conseils de prudence, le *Journal Officiel* ne cessa d'enregistrer, chaque semaine, un progrès nouveau du Protectorat. Ainsi furent successivement dotées de Municipalités, sur le modèle de celle de Tunis [1], c'est-à-dire administrées par un Président indigène, des Vice-Présidents français et un Conseil municipal composé d'Européens et d'Indigènes, et pourvues d'une Recette municipale gérée par un Français, les villes de la Goulette, Le Kef, Sfax, Sousse et Bizerte ; — la législation sur le recrutement militaire fut notablement amendée, l'âge de 32 ans jusqu'auquel la durée de l'assujettissement au tirage au sort se prolongeait, étant abaissé à 26 ans ; la durée du service militaire, pour les hommes tombés au sort, avait déjà été réduite de 8 ans à 2 ans ; — un décret du 11 août supprima le droit d'exportation sur les chéchias dont la fabrication constitue la principale industrie indigène, et un décret du 1er septembre réduisit notablement les droits sur les chaux et briques ; — une convention d'extradition fut signée avec l'Algérie ; — et, les dernières Puissances ayant enfin consenti à la suppression de leurs Juridictions consulaires en Tunisie, un décret du Bey du 31 juillet 1884, désireux de rendre la justice plus expéditive à la fois pour les sujets tunisiens et les Européens, ordonna la remise aux Tribunaux

---

(1) La Ville de Tunis dotée de la vie municipale dès le 20 Moharrem 1858 avait été complètement réorganisée par décret beylical du 31 octobre 1883.

français du jugement des affaires civiles et commerciales dans lesquelles des Européens seraient en cause aussi bien comme demandeurs que comme défendeurs. Demeurèrent toutefois réservées aux Tribunaux religieux les contestations relatives au statut personnel ou aux successions de sujets tunisiens, musulmans ou israélites.

Le même décret constituait, sous la présidence du Ministre Résident de France, une Commission, composée de hautes personnalités françaises et indigènes, pour préparer la codification des lois relatives à la propriété foncière en Tunisie et proposer les conditions dans lesquelles la compétence en matière immobilière serait remise aux Tribunaux français.

*
* *

Dans l'intervalle, les souscriptions à l'emprunt tunisien 4 % perpétuel, garanti par la France, avaient été ouvertes au public et reçues du 16 juin au 19 juillet pour la conversion et, à partir du 1er octobre, pour le remboursement des anciennes Dettes. Le succès de ces opérations avait été complet [1]. Il rendait inutiles les mesures en vigueur depuis 1870 pour la garantie des créanciers du Gouvernement et les institutions créées à cette époque pour en assurer l'exécution. La Commission financière internationale le comprit et, d'elle-même, décida sa suppression [2]. Un décret du Bey du 2 octobre 1884 la consacra et mit fin, le 12 octobre au soir, à son existence et à celle de l'Administration des Revenus concédés, en ordonnant la perception pour le Trésor beylical, à partir du 13 octobre, des revenus antérieurement concédés aux créanciers. Cette perception fut trans-

---

[1] Les 250.000 titres de l'ancienne Dette 5 % ont été, au nombre de 244.796, convertis ou remboursés, pour une valeur de.................................FR. 122.398.000 »
Les 1.250.000 fractions de coupons impayés de cette même Dette au nombre de 1.172.748 ont été convertis ou remboursés pour.................... 3.865.076 50
Les 86.263 certificats représentatifs de coupons impayés ont été au nombre de 67.473, convertis ou remboursés pour............................ 6.455.511 81

TOTAL des conversions ou remboursements..........FR. 132.718.588 31
Le prix ferme des 315.376 obligations nouvelles 4 % ayant été de........ 142.550.000 »

a laissé un disponible de...FR. 9.831.411 69
que les souscripteurs de l'emprunt 1884 ont versé à la Direction des Finances Tunisiennes pour la continuation, jusqu'à ce qu'ils fussent atteints par la prescription, du remboursement des anciens titres et coupons restés en circulation.

[2] Les Vice-Présidents français de la Commission financière ont été, de 1869 à 1884, au nombre de 4 : MM. Villet (1869), Le Blant (1874) et Queillé (1878), Inspecteurs des Finances, et Depienne (1879), Directeur de l'Enregistrement et des Domaines.

férée à la Direction des Finances, créée le 4 novembre 1882, qui se trouva ainsi investie du recouvrement de tous les revenus de la Régence et dotée, à cet effet, des moyens édictés par les décrets sur le budget et la comptabilité publique de l'Etat des 12 mars et 19 décembre 1883. Le Directeur des Finances eut sous son autorité, en outre de ses services directs [1] et de la Recette générale des Finances existants déjà, deux Directions subordonnées, celle des Contributions diverses et celle des Douanes, dont le décret lui conféra le droit de déterminer les attributions [2].

Le lendemain, 3 octobre, une série de décrets du Bey intervinrent pour réaliser, comme conséquence de la suppression de la Commission financière et suivant les engagements pris par Paul Cambon à la tribune de la Chambre des Députés :

— la suppression des droits d'exportation sur le blé, l'orge et les légumes secs ;

— la suppression de tous droits de douane à l'intérieur, des teskérés à l'exportation et de droits de douane accessoires destinés à être répartis entre le Service de la Douane et ses agents ;

— la réduction des droits à l'exportation des huiles ;

— l'attribution de la caroube sur les loyers aux villes de Tunis, La Goulette, Sousse et Sfax.

Le même jour, 3 octobre, un autre décret du Bey, refondant une législation basée en grande partie sur des usages et une longue pratique parfois différente suivant les régions du territoire, constitua le texte unique pour la perception et la défense contentieuse des droits et revenus de l'Etat en matière de douane à l'importation et à l'exportation par terre et par mer, au cabotage et au transit, et en matière de monopoles des tabacs, de la poudre, du sel, du Dar-el-Geld (vente et tannage des cuirs et peaux), du plâtre et de la Monnaie.

---

(1) Les services directs de la Direction des Finances, qui reçut pratiquement le titre de Direction générale, comme celle des Travaux publics, était composée d'un sous-directeur, de chefs de division ou de bureau, dont seulemnt trois français, d'inspecteurs, d'un interprète principal, d'un administrateur des Domaines, d'un directeur de la Rabta (perception de blé et orge en nature), d'un directeur de la Ghaba (forêt d'oliviers assujettie à la dîme), et d'un directeur de l'Hôtel de la Monnaie pour la frappe des monnaies tunisiennes qui constituait et constitue encore un privilège régalien du Bey, mais qu'il a en 1891, confiée à l'Hôtel des Monnaies de Paris.

(2) Une troisième Direction subordonnée devait être créée à partir du 1ᵉʳ janvier 1891 pour la gestion des Monopoles.

*
**

Cet ensemble de réformes fut le prélude de l'élaboration du budget général de l'Etat pour l'exercice financier 1302 [1] embrassant la période du 13 octobre 1884 au 12 octobre 1885. Pour la première fois depuis 1870, le Bey put, grâce à la France, comprendre dans ses prévisions de recettes tous les revenus de la Régence et élargir en conséquence les prévisions de dépenses de ses services publics en y comprenant la nouvelle Dette publique. Ce fut, à proprement parler, le premier Budget du Protectorat. Il s'éleva ainsi à 23.742.000 piastres en recettes et à 23.663.667 piastres en dépenses, soit un excédent de prévisions de recettes de 78.333 piastres. Le budget de 1300, qui l'avait précédé et n'avait compris que les revenus réservés à l'Etat, à l'exclusion des ressources concédées aux créanciers, ne s'était élevé qu'à 10.218.501 piastres en recettes et à 10.212.092 piastres en dépenses. La comparaison permet de mesurer le chemin parcouru dans la voie de l'unification budgétaire.

*
**

En même temps que le Protectorat inaugurait sa pleine liberté d'action en matière financière, son Chef, le Ministre Résident, était doté par la Métropole de nouveaux moyens d'action. D'abord, un décret du Président de la République du 4 octobre 1884, contresigné par Jules Ferry, Président du Conseil, Ministre des Affaires Etrangères, se référant à l'article 1er du traité du 8 juin 1883 et considérant que le fonctionnement du Protectorat comporte, d'une part, le maintien de l'Administration indigène, d'autre part, un contrôle permanent sur les actes de cette Administration, ordonna la constitution en Tunisie d'un corps de Contrôleurs civils français relevant du Ministre Résident de France et chargés de remplir auprès des Caïds et autorités indigènes locales les mêmes attributions que le Ministre Résident auprès du Bey et le Secrétaire général du Gouvernement

---

[1] Le 13 octobre 1884 correspondait au 23 Hidjé 1301; ce budget aurait dû recevoir la dénomination de budget de 1301. Mais l'année 1301 de l'hégire devant finir sept jours après, il parut préférable de donner au nouveau budget la dénomination de l'année 1302 dont il devait emprunter toute la durée.

auprès du Premier Ministre et du Ministre de la Plume. Par leur intermédiaire, rien des détails du fonctionnement de l'Administration indigène ne put désormais échapper au Résident. Les Contrôleurs civils, nommés par décret du Président de la République sur la proposition du Ministre des Affaires Etrangères, furent peu après investis des fonctions de Vice-Consuls de France. Ils sont rétribués sur le budget tunisien.

Puis intervint, le 10 novembre 1884, par application toujours du traité du 8 juin 1883, un autre décret du Président de la République, contresigné également par Jules Ferry, Président du Conseil, Ministre des Affaires Etrangères, déléguant le Résident à l'effet d'approuver, au nom du Gouvernement français, la promulgation et la mise à exécution de tous les décrets rendus par le Bey. Cette mesure reçut son application, non seulement à l'égard des décrets postérieurs, mais, dès le 15 décembre 1884, par arrêté spécial du Ministre Résident, pour tous les décrets antérieurs qui furent jugés comporter cette promulgation rétroactive. Ce fut là l'occasion d'une révision générale de la législation tunisienne, et le grand nombre de décrets beylicaux ainsi maintenus en vigueur fut la confirmation de la justesse des déclarations de Paul Cambon, qui avait toujours repoussé les suggestions de ceux qui pressaient le Protectorat de faire table rase du passé [1].

Plus tard, le 23 juin 1885, un autre décret du Président de la République, contresigné par M. de Freycinet, Ministre des Affaires Etrangères, donnait au Résident, maintenu sous l'autorité du Ministre des Affaires Etrangères, le titre de Résident général, le déclarait dépositaire des pouvoirs de la République dans la Régence, mettait sous ses ordres les Commandants des troupes de terre et de mer et tous les services administratifs concernant les européens et les indi-

---

[1] Le 1ᵉʳ janvier 1884, recevant le Président et les Membres du Tribunal français de Tunis, Paul Cambon leur avait répondu ceci : « Une tâche considérable s'impose dès « à présent à nous et je compte sur votre concours pour la mener à bien, c'est la réu« nion et la mise en ordre des lois du Pays. Il importe de donner aux personnes et aux « propriétés les garanties d'une bonne législation, mais il faut respecter les usages lo« caux. Nous ne sommes pas ici dans un pays sans règlements ni lois. Toutes les ma« tières ont été réglementées et souvent avec une très grande sagesse, conformément aux « mœurs du pays. Avant de supprimer aucune disposition, il y a lieu de se demander « si elle n'a pas sa source dans des nécessités locales, dans des traditions respectables. « Vouloir appliquer brusquement nos codes serait troubler sans profit tous les intérêts « et notre action s'exercera avec plus de fruit par l'amélioration que par la suppres« sion des règles subsistantes. »

gènes et lui conférait, à lui seul, le droit de correspondre avec les
membres du Gouvernement français par l'intermédiaire du Ministre
des Affaires Etrangères pour les affaires présentant une portée politique ou exigeant le concours de plusieurs administrations différentes. « Le Résident général, écrivait M. de Freycinet dans son Rap-
« port du 23 juin 1885 au Président de la République, est alors l'in-
« termédiaire désigné, et aucune mesure ne pouvant engager à un
« degré quelconque la responsabilité du Gouvernement ne devra être
« prise sans son approbation préalable. Des actes tels que des dépla-
« cements importants des troupes, des modifications dans l'armée
« indigène, des règlements ou des décisions touchant à des ques-
« tions de police et à la sécurité des personnes, des projets de tra-
« vaux d'intérêt public, des remaniements d'impôts, des change-
« ments de circonscriptions administratives, et, en général, toutes
« les dispositions ayant un caractère permanent et réglementaire ne
« pourront intervenir sans le concours ou le consentement du Rési-
« dent général. Il aura, de plus, vis-à-vis de toutes les administra-
« tions de la Régence, un rôle naturel de modérateur, et son inter-
« vention opportune préviendra les conflits. Seules les affaires pu-
« rement techniques et d'ordre intérieur dans chaque administration
« française peuvent être traitées directement avec les Ministres com-
« pétents par les chefs des divers services tunisiens. »

*
* *

Assuré, après tous ces textes, d'être en parfaite communion d'idées
avec le Gouvernement français, Paul Cambon peut poursuivre
d'une main ferme la continuation de l'évolution du Protectorat dans
la voie où il l'a engagé.

Tout en prêtant un appui de tous les instants à la Direction des
Finances pour la réalisation du programme financier, il complète l'organisation de l'Administration générale. A cet effet, il remanie les
circonscriptions administratives de la Régence ou Caïdats, améliore
le recrutement des Caïds et de leurs sous-ordres, les Cheikhs, à la
fois administrateurs de leur circonscription et collecteurs des impôts,
les assujettit à une comptabilité simple mais sûre et à un contrôle
constant et serré. Il régularise la situation et définit les attributions

du personnel de la police montée ou gendarmerie indigène désignée sous le nom d'Oudjak.

L'organisation municipale, étendue à toutes les villes de quelque importance, est complétée par l'institution des Commissaires de police français. Les Zaptiés de Tunis et de La Goulette subissent la même réforme que les Oudjaks. La gendarmerie française du Corps d'occupation, dont le Protectorat assure le casernement, contribue de son côté au maintien de l'ordre public.

L'amélioration de l'organisation judiciaire est poursuivie. Un décret du 14 février 1885 règle la procédure devant l'Ouzara. La Justice française voit sa compétence étendue aux crimes et délits commis en Tunisie par des Tunisiens à l'encontre d'Européens ou de complicité avec des Européens ou protégés. Le nombre des juges du Tribunal de Tunis est augmenté ainsi que celui des Justices de Paix. Les Tunisiens incorporés dans les Corps de troupes d'Afrique sont assujettis au code militaire français.

La Direction de l'Enseignement, créée le 6 mai 1883, et organisée sur les propositions de M. Machuel; à la collaboration duquel Paul Cambon rend de fréquents hommages, reçoit une vive impulsion. Le Collège Saint-Charles, jusqu'alors établissement libre d'enseignement secondaire, est soumis au régime de l'Instruction publique et rattaché comme tel à la Direction de l'Enseignement. Le Collège Alaoui, école normale de garçons créée en 1884 sur l'initiative du Bey Ali, qui lui donna son nom, devient la pépinière des institutions scolaires de la Tunisie. Le Collège Sadiki, fondé en 1875 pour les musulmans et doté de revenus propres sur des biens habous, est réorganisé sous la direction de maîtres indigènes et français qui conduisent leurs élèves aux carrières libérales et administratives. Dix écoles arabes françaises sont créées en 1885. Un Service des Antiquités et Arts, dirigé par un savant français, est préposé à l'exécution du décret beylical du 7 mars 1886, relatif à la protection des antiquités dont fourmille le sol tunisien, et un Musée, dit Alaoui, installé au Bardo pour recueillir et conserver les produits des fouilles, renferme bientôt la plus importante collection de l'Afrique du Nord.

La Direction des Travaux Publics, dotée sur le budget de crédits chaque année plus considérables, qu'elle emploie de la manière la plus fructueuse, réalise simultanément, depuis 1883, les travaux de

première urgence que réclame le pays : construction de routes (dont
4 kilomètres seulement existaient autour de Tunis) et de ponts, aménagement de pistes, première mise en état des ports, éclairage des
côtes, construction de bâtiments civils, recherche et adduction d'eau
potable, notamment restauration de l'aqueduc de Tunis, éclairage
des villes, exploitation des forêts et démasclage des chênes-lièges,
défense des massifs forestiers contre l'incendie, tel est le bilan que
Paul Cambon peut présenter en trois ans d'efforts. Les travaux du
port de Tunis allaient d'ailleurs commencer grâce à la dotation inscrite pour eux au budget et aux négociations habilement menées qui
aboutirent à la transformation de la concession du port faite le 14
août 1880 à la Compagnie Bône-Guelma (qui s'était substituée un
mois après la Compagnie des Batignolles) en un contrat d'entreprise
à exécuter en six ans.

*****

Mais Paul Cambon s'était attaché personnellement à la réforme de la propriété foncière. Déjà, pour y préluder, il avait défini
le domaine public (février et septembre 1885), reconstitué les som-
miers de consistance du domaine de l'Etat et réglementé (décret du
21 octobre 1885) la procédure de la constitution en enzel (rente perpétuelle stipulée plus tard rachetable) des biens habous particuliers
(en principe inaliénables, mais dont la jouissance perpétuelle peut
cependant être cédée moyennant une rente foncière dite enzel).
Paul Cambon avait, d'autre part, réorganisé l'Administration (Dje-
maïa) des Habous publics (ceux dont la nue propriété et la jouissance sont affectées à une fondation pieuse) dont les revenus alimen-
tent le budget du culte musulman:

Restait à faciliter la mobilisation de la terre tunisienne. Sans doute, le droit des détenteurs du sol est habituellement constaté; mais
cette constatation est faite à l'aide de titres rudimentaires fournis-
sant des indications peu précises sur les origines et sur la délimita-
tion de la propriété et sur la condition juridique de l'immeuble. Il
en existe souvent plusieurs pour un même immeuble. Beaucoup sont
faux ou adultérés. Leur authenticité est difficile à vérifier. Pas de
cadastre, aucun régime de publicité. Nulle sécurité pour l'acheteur
ou pour le prêteur. Les contestations incessantes auxquelles ce régi-

me donne lieu sont de la compétence du Tribunal religieux du Châra, dont la procédure est lente et compliquée. La Commission chargée d'étudier les moyens d'améliorer ce régime achève son travail en 1885. Le 1ᵉʳ juillet 1885, un décret du Bey la promulgue. D'autres décrets des 6 et 21 avril et du 14 juin 1886 la modifient, la complètent et créent les organisations nécessaires à son fonctionnement (Conservation de la propriété foncière, gérée par un fonctionnaire français des Finances, Tribunal mixte immobilier, composé de magistrats français et d'assesseurs indigènes, Service topographique, ressortissant à la Direction des Travaux Publics et chargé de l'exécution des plans fonciers par l'intermédiaire de géomètres d'une capacité professionnelle démontrée).

La loi foncière se trouve dès lors prête à fonctionner : elle est mise à exécution le 15 juillet 1886.

L'application de cette législation est facultative : libre à chacun de requérir « l'immatriculation » de son immeuble sous le régime de la loi foncière. Il dépose sa demande ou réquisition à la Conservation foncière qui lui donne de suite la publicité. Le Service topographique établit le plan de l'immeuble rattaché à la triangulation générale de la Régence. Le Tribunal Mixte Immobilier examine les titres et droits de propriété du requérant et des opposants, enquête, se transporte au besoin sur les lieux en présence des voisins et opposants dûment convoqués, et finalement admet ou rejette la demande d'immatriculation en précisant tous les droits réels existant sur l'immeuble. Le cas échéant, le Conservateur établit le titre de l'immeuble sur son registre foncier et en délivre une expédition au requérant reconnu propriétaire. A partir de ce moment toute modification dans la consistance matérielle ou dans l'état juridique de l'immeuble n'est valable et opposable aux tiers si elle n'est inscrite par le Conservateur de la Propriété foncière sur son registre foncier et sur l'expédition du titre : nulle hypothèque, nul droit, n'est admissible s'il reste occulte. Du fait de son immatriculation, l'immeuble est placé sous la juridiction du Tribunal français.

Une initiative si hardie, et qui devait être si féconde, pouvait-elle se concilier avec le principe d'action prudente sans cesse rappelé par Paul Cambon ?

Écoutons ce qu'en dit le père du Protectorat [1] : « Dans cette loi
« de 1885 sur la propriété foncière, qui, bien que faite sans le con-
« cours d'aucun parlement, grand ni petit, n'en demeure pas moins
« un des monuments législatifs les mieux ordonnés de ce temps-ci,
« à côté de quantité de hardiesses qui font, à cette heure encore,
« reculer nos légistes continentaux, que de ménagements habiles
« pour les traditions souvent capricieuses du droit musulman, quel
« souci de les régler, de les amender, au lieu de les abolir. En vé-
« rité, la méthode est bonne... »

La loi foncière est toujours en vigueur. Elle a trouvé un accueil
favorable dans toutes les catégories de la population de la Régence,
même chez les Indigènes dont beaucoup d'immeubles sont imma-
triculés. Ses bienfaits sont unanimement reconnus et elle a donné
une sécurité absolue aux transactions sur la propriété immatriculée
en Tunisie. Paul Cambon put recueillir lui-même le témoignage
de son succès avant de quitter la Tunisie.

*
* *

Il put aussi recevoir la récompense de sa restauration financière
de la Régence.

Le règlement des comptes budgétaires antérieurs à l'exercice 1300
lui fournit un premier excédent de recettes de 2.032.783 piastres 49.

Le budget de 1300, premier exercice financier des Revenus réservés du Protectorat, put être réglé en 1885 par un excédent de
recettes de 2.151.863 piastres 86.

Le budget de 1302, le premier qui ait, après la dissolution de la
Commission financière, embrassé l'ensemble des Revenus de la Régence, présenta à son tour un excédent de recettes de 9.080.883 pias-
trss 59.

La liquidation de la Commission financière et de l'Administration
des Revenus concédés, effectuée par les soins de la Direction des
Finances, se traduisit elle-même par un bénéfice de 8.782.907 piastres 32.

____

(1) JULES FERRY, : loc. cit.

De même, la liquidation des opérations de l'Emprunt de 1884, assurée par la même Direction, laissa, sur le versement des souscriptions de cet emprunt, un solde libre et sans emploi de 7.454.600 p. 31.

Ce fut donc par un total d'excédents de recettes de 29.503.098 piastres 57 que la gestion financière du Protectorat se traduisit à l'heure du départ de Paul Cambon. Résultat que M. Ribot, Ministre des Affaires Etrangères, présentant le 15 octobre 1890 son Rapport au Président de la République, soulignait en ces termes : « Les recettes « budgétaires, qui étaient de 22 millions de piastres au moment de « notre établissement dans la Régence, se sont élevées et mainte- « nues à un chiffre moyen de 32 millions de piastres. Si on y ajoute « les 6 millions de piastres de dégrèvements consentis jusqu'alors « par le Protectorat, on arrive à un total d'environ 38 millions « de piastres, présentant un accroissement de plus d'un tiers sur le « produit originaire des ressources générales de l'Etat. Une progres- « sion aussi considérable témoigne hautement des heureux effets « qu'ont eus, sur le développement de la prospérité publique, les « institutions du Protectorat. Une autre preuve en est d'ailleurs four- « nie par les relevés des Douanes qui accusent en 1885-1886, par « rapport à 1880-1881, une augmentation de 28 millions de piastres « pour les importations. »

Paul Cambon fixa lui-même la destination à donner aux excé- dents de recettes de son administration financière. Les règles qu'il énonça à cette occasion, dans un rapport au Bey du 11 juillet 1886, devinrent la charte de la gestion des Réserves du Trésor tunisien. « Une nécessité s'impose au Gouvernement de Votre Altesse. C'est « la constitution d'un fonds de réserve. Les ressources les plus im- « portantes du budget tunisien proviennent directement ou indirec- « tement de l'agriculture ; les rentrées du Trésor sont subordonnées « au cours des saisons, et, d'une année à l'autre, par l'effet d'une « mauvaise récolte, les recettes peuvent diminuer dans une propor- « tion considérable. L'expérience commande de prévoir le retour « des périodes de disette ; de même que les anciens Egyptiens con- « servaient dans de vastes réservoirs, pour les années de sécheresse, « le trop-plein des débordements du Nil, il faut mettre en réserve « nos excédents afin de combler des déficits éventuels.

« Votre Altesse sait que le Gouvernement français n'entend don-
« ner aucune subvention à la Régence. Le premier principe du nou-
« veau système de colonisation inauguré par lui est que les Colonies
« doivent se suffire à elles-mêmes, se développer avec leurs propres
« fonds et en proportion de leurs ressources. S'il a donné sa garantie,
« pour des raisons particulières, à l'emprunt émis par la Régence
« en 1884, il a eu bien soin de stipuler par l'article 3 de la conven-
« tion du 8 juin 1883, que les sommes nécessaires pour assurer le
« service de l'emprunt garanti par la France seraient prélevées avant
« tout sur les revenus de la Régence, le surplus seulement pouvant
« être affecté aux dépenses d'administration du pays. Si des précau-
« tions n'étaient pas prises, et si les finances tunisiennes cessaient
« d'être gérées avec l'économie et la rigueur dont s'inspire l'admi-
« nistration actuelle, les services publics pourraient un jour cesser
« de fonctionner et la vie de l'Etat s'arrêter tout à coup.

« Afin de parer à un semblable accident, Votre Gouvernement
« croit bon de constituer un fonds de réserve qui pourra atteindre
« un montant maximum de 30 millions de piastres. Cette somme
« représente le budget des dépenses, service de la Dette compris,
« de tout un exercice. Avec les fonds d'une année d'avance, Votre
« Gouvernement pourra envisager sans crainte les déficits partiels
« qui pourraient se produire.

« J'ai l'honneur de soumettre ci-joint à Votre Altesse un décret
« constituant ce fonds de réserve (1). Il lui est affecté une première
« dotation de 18.270.351 piastres 12. Il sera parfait par les intérêts
« de cette somme employée en valeurs des Etats français ou tuni-
« sien et, s'il y a lieu, par de nouvelles affectations sur les excédents
« de l'exercice ou des exercices futurs.

« Après la constitution de la première dotation du fonds de ré-
« serve, il reste encore disponible une somme de 11.232.747 p. 45,
« formée des excédents des exercices 1300 et 1302. Le Gouverne-
« ment propose à Votre Altesse d'en ordonner l'inscription au bud-
« get de 1303 courant et le report de droit aux budgets suivants,
« jusqu'à complet épuisement, en l'affectant aux travaux du port
« de Tunis.

---

(1) Ce décret a été revêtu par le Bey de son sceau le 21 juillet suivant.

« Le projet de construction de ce port a été poursuivi depuis plu-
« sieurs années avec énergie par Votre Gouvernement, qui s'est
« préoccupé en même temps des difficultés techniques de l'entreprise
« dont la solution est proche, et des difficultés financières qui sont
« aujourd'hui résolues. C'est en procédant avec cette résolution et
« cette prudence que la Régence pourra être successivement dotée
« de tous les grands travaux nécessaires à son développement. »

**

Ce fut là le dernier acte public signé de Paul Cambon en
Tunisie. Le Gouvernement français le réservait à d'autres fonctions.
Par décret du 28 octobre 1886, contresigné par M. de Freycinet,
Président du Conseil, Ministre des Affaires Etrangères, le Président
de la République le nomma Ambassadeur près Sa Majesté le Roi
d'Espagne.

Paul Cambon revint à Tunis le 10 novembre pour remettre
ses lettres de rappel au Bey, prendre congé de lui et faire ses adieux
à la Colonie française et aux autorités indigènes.

Le Souverain, très ému, lui adressa ce touchant adieu : « Vous
« étiez pour moi un ami, et je vous vois partir avec douleur. Que le
« Dieu tout puissant vous couvre de sa protection et vous aide dans
« la mission nouvelle que votre Gouvernement vous confie ! Je suis
« reconnaissant à la République française du bien qu'elle a fait en
« Tunisie. J'aime la France, et je vous remercie d'avoir été l'agent
« d'une sage politique qui assure à mes Etats la sécurité et aide au
« développement de toutes les richesses du pays. »

M. Dubos, Vice-Président de la Municipalité de Tunis, au nom
de la Colonie française et des Colonies étrangères, après avoir retracé en termes saisissants les bienfaits du Protectorat et la part que
Paul Cambon y avait prise personnellement, l'assura, au milieu
de vifs applaudissements, de la reconnaissance affectueuse des populations.

Paul Cambon le remercia ainsi que tous les Chefs de services,
magistrats et fonctionnaires présents, de leur collaboration à l'œuvre du Protectorat, « qui est la politique du Gouvernement de la

« République et ne sera pas abandonnée parce qu'elle est conforme
« aux véritables intérêts de la France. »

Aux Indigènes, tunisiens, algériens ou protégés français, venus
en grand nombre, porteurs de plusieurs adresses revêtues d'une grande quantité de signatures, pour le saluer et lui exprimer les sentiments qu'éprouvait pour lui la population tout entière de la Régence,
Paul Cambon déclara combien il remerciait cette population de la
confiance qu'elle lui avait toujours témoignée et qui lui avait permis
d'apporter dans la Régence les réformes nécessaires pour l'intérêt
du pays.

Après une visite au Collège musulman Sadiki, au Collège français Saint-Charles et à l'Ecole normale d'instituteurs Alaoui, où il
reçut les adieux des professeurs et des élèves, il alla voir le Cheikh
El Islam, Si Ahmed Bel Khodja, avec lequel il avait toujours eu les
meilleures relations et qui lui témoigna le regret et le chagrin qu'il
éprouvait de son départ. « Vous avez su, lui dit le Cheikh, vous
« acquérir ici les sympathies de tout le monde, et ce n'était pas, je
« dois l'avouer, chose facile, car bien des esprits, et des plus culti-
« vés, voyaient d'un mauvais œil le nouvel état des choses. Grâce
« à votre tact, à l'aménité de votre caractère et à la droiture de
« votre politique, vous vous êtes concilié tous les cœurs. Je suis,
« d'ailleurs persuadé que votre honorable successeur continuera à
« suivre à notre égard une politique qui a amené des résultats aussi
« heureux. »

Paul Cambon s'embarqua à la Goulette pour la France le
lundi 15 novembre 1886. Auparavant, à La Marsa, il avait tenu à
saluer encore une fois le Bey, qui lui renouvela l'expression de ses
regrets et de ses sentiments d'affection et chargea les deux aînés de
ses fils de l'accompagner au quai d'embarquement.

Là, l'attendaient tous ses collaborateurs français et indigènes, civils et militaires, les personnalités les plus marquantes de la Colonie
française et des Colonies étrangères et un grand concours de population qui, au moment où il quittait le quai, lui fit une ovation.

Certes, la conception première du Protectorat n'est pas due à
Paul Cambon. Elle doit être attribuée au Ministre des Affaires

Etrangères, et surtout à Jules Ferry qui, « se défendant toutefois
« d'être un inventeur sur le fond de l'entreprise ou sur ses détails,
« exposa qu'il n'avait fait que reprendre des projets étudiés par ses
« prédécesseurs et obéir à une tradition lorsqu'il élabora, avec M.
« Barthélemy Saint-Hilaire et M. de Courcel, les instructions tracées
« au Général Bréart [1] ». Mais Paul Cambon qui, le premier,
mit cette conception en pratique, sut si exactement maintenir le régime tunisien et le faire fonctionner régulièrement et avec un tel
succès sous un contrôle français, aussi peu apparent que possible,
qu'il ne tarda pas à incarner le Protectorat et à en être considéré
comme l'auteur.

« La République française », ne cessait-il de répéter, « poursuit
« en Tunisie une œuvre de civilisation. Elle veut respecter les ins-
« titutions du pays, sa dynastie, sa religion et ses mœurs. Mais par
« des réformes progressives et par la transformation d'un régime
« économique très-imparfait, elle se propose de mettre en valeur
« toutes les sources de production de cette terre féconde » [2].

Le mérite essentiel de Paul Cambon fut, en effet, de croire à
la possibilité d'utiliser, au début, l'état de choses existant et, par là,
de s'acquérir la confiance des indigènes dont il ne menaçait pas les
habitudes. Cette confiance une fois solidement assise, il put les engager dans la voie du progrès et demander au loyalisme à toute
épreuve de S. A. Ali Bey et au dévouement du Premier Ministre
Si El Aziz Bou Atour, les décrets nécessaires pour la réalisation suc-
cessive de son programme. Et cependant, combien peu sûre lui avait
apparu au début la coopération de l'administration beylicale ! « Nous
« avons trouvé ici », dit-il dans son discours d'adieux à la Colonie
française, « un marécage administratif ; nous l'avons desséché, as-
« saini, et nous livrons à l'Administrateur distingué qui représen-
« tera désormais la France en Tunisie, un terrain solide sur lequel
« il pourra bâtir en toute sécurité. Il est difficile de se rendre compte
« des efforts obstinés [3] qu'il a fallu déployer pour venir à bout de

---

(1) Préface de JULES FERRY à l'ouvrage de NARCISSE FAUCON déjà cité.

(2) Discours à l'Exposition d'Amsterdam, 8 août 1883.

(3) Période de travail obscur et souvent ingrat, comme la qualifiait M. Ribot dans son
Rapport du 15 octobre 1890 au Président de la République.

« la routine tunisienne, et je rends grâce aux hommes dévoués (MM.
« Depienne, Grand, Bompard, Machuel) qui m'ont secondé dans
« ce labeur.

« Tout cela s'est fait sans soulever d'opposition de la part des
« indigènes. Nous avons cependant touché à tout, mais les Tuni-
« siens qui, au lendemain de l'occupation française, s'enfermaient
« dans leurs maisons pour ne pas nous voir, ont compris que nous
« n'étions pas des oppresseurs. Peu à peu, ils sont venus à nous ; ils
« ont pris confiance ; ils nous ont prêté leur concours. Aujourd'hui,
« la population tunisienne accepte le Protectorat et ressent ses bien-
« faits ; la France est aimée, respectée, obéie sur toute l'étendue du
« territoire.

« Je sais bien, a-t-il dit encore, que certaines personnes taxent
« cette politique de faiblesse. Elles considèrent l'indigène comme un
« être inférieur, elles voudraient l'éliminer ainsi qu'on a fait des
« Peaux-Rouges d'Amérique ou des anthropophages de l'Austra-
« lie. De pareilles doctrines font sourire et témoignent, en Tunisie
« du moins, d'une singulière ignorance de l'histoire et des condi-
« tions du pays. La Tunisie est un vieux pays, organisé depuis
« longtemps, ayant ses lois, ses règlements, possédant une société
« industrieuse et policée. Elle avait été ruinée par les caprices de
« ses derniers souverains, elle était la proie d'une administration
« corrompue, mais il était possible de reprendre en mains tous les
« fils du Gouvernement et d'approprier l'ancienne législation à un
« état de choses nouveau. C'est ce que nous avons tenté de faire, et
« c'est pourquoi nos réformes ont été favorablement accueillies par
« les indigènes ; elles se rattachent toutes plus ou moins aux tradi-
« tions locales ; notre loi immobilière elle-même consacre certains
« usages du pays.

« La politique du Protectorat n'a pas d'autre secret : elle consiste
« à améliorer sans détruire et à se réclamer toujours auprès de l'in-
« digène d'une ancienne tradition. »

Ce n'est pas d'ailleurs chez les indigènes que la mise en train
du Protectorat a rencontré les plus vives résistances. Ce n'est pas davantage chez les Européens, français ou étrangers, que le Protectorat
a trouvés installés en Tunisie ; ceux-ci, un moment inquiets pour

leurs situations acquises, se sont vite apaisés en voyant que le nouvel état de choses n'y portait pas atteinte. C'est parmi des Français, nouveaux venus en Tunisie, que le régime instauré par Paul Cambon a suscité le plus de préventions.

S'inspirant de la violente hostilité rencontrée au Parlement par Jules Ferry, auquel les partis extrêmes reprochaient également, mais pour des motifs divers, de ne pas avoir annexé la Tunisie, certains immigrants témoignaient une vive surprise de se trouver, à leur débarquement, en face d'une administration tunisienne appliquant avec des méthodes tunisiennes, y compris le fermage aboli depuis la Révolution française, disaient-ils, une législation tunisienne, des impôts tunisiens aux appellations locales. Ils sommaient Paul Cambon de remplacer toute cette législation, toute cette organisation, par des textes et des méthodes empruntés à la Métropole et à l'Algérie et d'en confier l'application à un personnel appelé de France ou de la Colonie voisine. Mais, avec une patience inaltérable, Paul Cambon, dans ses allocutions répétées à la Colonie française, aux solennités périodiques du 1er janvier et du 14 juillet ou à l'occasion d'évènements marquants tels que le vote de la loi de garantie par la France de l'emprunt tunisien, s'attachait à expliquer la tendance du Protectorat qui est de moderniser toute cette organisation sans s'arrêter aux mots et aux questions de formes. Cependant il se serait heurté à une incompréhension systématique de ses méthodes prudentes s'il n'avait pas trouvé appui, d'une part, dans l'extraordinaire ténacité et l'expérience financière de son Directeur des Finances [1] qui, avec une claire vision des améliorations nécessaires, savait les faire espérer et attendre jusqu'à l'heure des réalisations possibles, d'autre part, dans le Ministère des Affaires Etrangères dont tous les titulaires (MM. de Freycinet, Duclerc, Challemel-Lacour, Jules Ferry) soutinrent la supériorité du Protectorat sur l'annexion. Aussi Paul Cambon put-il à son tour à Tunis, sans risquer d'indisposer l'Algérie, affirmer les mêmes idées : « Le « Protectorat, c'est un Etat dans lequel les administrations locales, « les usages et les habitudes des Indigènes, leurs lois et leurs pro-

---

(1) Ce sont les qualités dont Paul Cambon félicita publiquement M. Depienne le 1er janvier 1886 (J. O. T. du 4 janvier 1886).

« cédés de gouvernement sont respectés, mais dont l'exercice est
« contrôlé par nous. La configuration de la Tunisie, le tempérament
« de ses habitants, les mœurs d'une population façonnée depuis
« des siècles à certaines habitudes administratives, tout rend ici la
« situation plus facile qu'en Algérie. Le but à atteindre, c'est la
« mise en valeur de la Tunisie sans sacrifice pour la France [1].

« Grâce », disait-il encore, « à la réorganisation complète de nos
« services financiers, à la suppression des emplois inutiles, à l'éta-
« blissement d'une bonne comptabilité, à la répression des abus, à
« la défense énergique des droits de l'Etat, nous avons mis les finan-
« ces tunisiennes dans une situation telle que, je ne crains pas de
« l'affirmer, aucun Etat de l'Europe n'a des finances plus claires et
« des ressources plus assurées.

« Si, comme on le dit, la bonne politique aide à faire de bonnes
« finances, on peut penser que notre politique n'est pas trop mau-
« vaise.

« Elle n'est cependant pas du goût de tout le monde, et vous
« disiez vous-même tout à l'heure, Monsieur le Président de la
« Chambre de Commerce, qu'une certaine fraction de la Colonie
« française réclamait l'annexion de la Régence.

« Sans examiner si cette mesure est conforme aux engagements
« pris et aux conventions signées par la République, je me demande
« si cette solution serait conforme aux intérêts de la France et à
« ceux de la Colonie française.

« Imposer à la Tunisie une administration française complète,
« politique, judiciaire, financière, transformer la Régence en un
« quatrième département algérien, savez-vous ce que cela coûte-
« rait ? 30 millions au moins par an, sans compter les frais de pre-
« mier établissement qu'il est impossible de chiffrer. Or, déduction
« faite de la Dette, la Tunisie produira l'an prochain 13 millions.
« La France prendrait donc une charge annuelle de 16 à 17 mil-
« lions, alors qu'aujourd'hui la Régence se suffit à elle-même. Est-il
« un homme politique ayant souci des intérêts financiers de la Fran-

---

(1) Discours de Paul Cambon à la réception de la Colonie française du 1ᵉʳ janvier 1884.

« ce qui oserait proposer un sacrifice aussi considérable et aussi
« inutile ?

« Quant à la Colonie française de Tunisie, quant à vous, Mes-
« sieurs, avez-vous un intérêt quelconque à une annexion immé-
« diate ? Je n'en vois qu'un : l'assimilation de vos produits aux pro-
« duits algériens à l'entrée en France. Il n'est pas besoin de recou-
« rir à l'annexion pour obtenir ce résultat, et je puis vous annoncer
« que, sur ma demande, le Gouvernement français étudie en ce
« moment un projet de loi destiné à vous donner satisfaction.

« Ayez confiance à vous-mêmes, conservez votre individualité,
« et, grâce au Protectorat, essayez de faire ici, à l'image des pos-
« sessions anglaises, une Colonie ayant son autonomie, sa législa-
« tion, son budget, et, plus tard, son Parlement colonial. Vous prou-
« verez ainsi que les Français savent coloniser et que, dégagés des
« entraves d'une administration étroite, ils ont, comme d'autres, le
« goût de l'initiative et de la liberté [1] ».

Quand, plus tard, le succès de la réforme financière commença
à se traduire par des excédents de recettes, les opposants changè-
rent de tactique : ils convièrent le Gouvernement du Protectorat, soit
à une politique plus accentuée de dégrèvements (il en avait cependant consenti de toutes sortes, parmi les taxes les plus critiquables
de l'ancien régime, pour une somme de 6 millions de piastres par
an), soit à une réforme générale de tout le système d'impôts.

Il fallut entendre Paul Cambon défendre de toutes ses forces
sa méthode budgétaire génératrice d'excédents de recettes indispen-
sables à l'exécution des travaux de routes, de ponts, etc..., réclamés
par la colonisation naissante. « Nous avons tous la conviction que
« le régime fiscal du pays est mauvais, que certains droits sont une
« entrave au développement du commerce, que d'autres sont mal
« assis... J'entends dire que nous devrions employer toutes nos éco-
« nomies en dégrèvements. Je suis partisan d'une politique de dé-
« grèvements, mais de dégrèvements progressifs, soigneusement étu-
« diés. Un impôt, même mauvais, dont la population a l'habitude,
« est moins lourd qu'un impôt, même excellent, dont la création est

---

[1] Discours de Paul Cambon du 14 juillet 1885 à la réception de la Colonie française présentée par le Président de la Chambre de Commerce. La Chambre française de
Commerce avait été créée par lui le 23 juin précédent.

« nouvelle. Nous sommes déjà entrés dans la voie des dégrève-
« ments; nous en préparons d'autres, en nous inspirant des indica-
« tions de la Chambre de Commerce, des Sociétés agricoles, des
« Conseils municipaux. Nous allons réviser les impôts résultant
« d'usages anciens et variant suivant les ressorts et les villes; je
« veux parler de ces Mahsoulates qui sont, pour l'agriculture et sur-
« tout pour le colon étranger aux mœurs du pays, une cause de véxa-
« tions continuelles... Mais, dans un pays aussi neuf que celui-ci
« où nous devons faire front à toutes les difficultés à la fois, nous
« devons songer aux nécessités du lendemain, nous devons faire une
« large part aux travaux publics. De bons esprits pensent que nous
« pourrions faire des économies sur eux, et consacrer plus de res-
« sources aux dégrèvements. Ils oublient que nous avons à peine le
« temps d'outiller le pays. La colonisation se développe tous les
« jours; les grands domaines achetés au début de l'occupation se
« divisent; 30.000 nouveaux hectares ont été achetés cette année
« (1885) par des Français; la plantation de la vigne s'étend de tous
« côtés; et quand, dans trois ou quatre ans, ces exploitations seront
« en plein rapport, nous entendrons réclamer partout des voies de
« communication et des moyens de transport. En exécutant notre
« programme de travaux publics, c'est-à-dire en dépensant 9 à 10
« millions (le tiers de notre budget) pendant cinq ans, nous ne don-
« nerons satisfaction qu'aux besoins les plus urgents. Le premier
« dégrèvement à offrir à l'agriculture et à l'industrie est celui des
« frais de transport : un Gouvernement prévoyant ne saurait l'ou-
« blier. »

Finalement, Paul Cambon eut raison des critiques — elles n'allèrent jamais jusqu'à la résistance — soulevées par son instauration
du Protectorat. La Colonie française, avec son clair bon sens, comprit vite, à l'exception de quelques annexionistes, qu'il poursuivait
là un programme national tracé par le Gouvernement et approuvé
par la majorité du Parlement. Mais où Paul Cambon trouva
l'opposition intolérable, c'est quand elle vint du Commandant des
Troupes d'occupation — le Général Boulanger — qui, sans négliger
aucune occasion d'afficher une attitude indépendante de la Résidence, alla jusqu'à menacer, en 1885, de faire envahir militaire-

ment la « Douane beylicale », cependant dirigée par son collègue français du Conseil de Gouvernement, M. Depienne, à propos d'une contestation de droits reconnus d'ailleurs exigibles par le Ministère des Affaires Etrangères. Peu de temps après, le même Général, mécontent de ce que le Tribunal français n'eût prononcé qu'une condamnation légère contre l'agresseur italien d'un officier français dans une rixe d'ordre privé, n'attendit pas que la Cour d'Appel d'Alger eût élevé la peine pour se répandre en protestations publiques et invita même les militaires sous ses ordres à se faire respecter eux-mêmes en usant de leurs armes. Chose singulière, la réconciliation s'étant faite entre le Général et le Président du Tribunal — qui, de son côté, s'essayait à faire de sa Compagnie une sorte de Parlement revendiquant le droit de censure, — les deux hauts fonctionnaires entreprirent une campagne commune contre la Résidence. Le Gouvernement français y coupa court aussitôt en rappelant le Général et le Président, et, en investissant, comme on l'a vu plus haut, le Résident du titre de Résident général et des pleins pouvoirs de la République. Puis, au vu des résultats de l'enquête ouverte sur ces déplorables agissements, il décida de ne pas renvoyer à leurs postes de Tunis les fauteurs de ces désordres, exprima publiquement à Paul Cambon sa confiance et son approbation par la voie du *Journal Officiel français*, et lui conféra la croix de Commandeur de la Légion d'Honneur.

Une contrariété plus sérieuse assombrit les succès de Paul Cambon. Les produits naturels tunisiens ne jouissaient, à leur entrée en France, d'aucune faveur douanière et payaient les droits du tarif général. Cette situation, déjà anormale après les traités de Protectorat, devint intolérable quand les colons français, venus se fixer en Tunisie sur les appels mêmes du Gouvernement, voulurent exporter en France leurs récoltes. Avec l'appui de tous les éléments français et indigènes de la Régence, Paul Cambon avait, dès 1885, proposé au Gouvernement le texte d'une loi destinée à autoriser l'admission en franchise en France des produits de la récolte tunisienne. Il semblait que ce projet de loi dût être de suite voté, d'autant plus que les céréales tunisiennes, qui empruntaient la voie ferrée de Tunis à Bône, pénétraient en Algérie en franchise de droits de douane en vertu de la loi du 17 juillet 1867, qui accorde cette faveur aux produits naturels tunisiens introduits par terre en Algérie, et, de là, étaient expédiés à Marseille où, comme blés algériens, ils ne payaient pas non plus de droits de douane. La solution tout indiquée était de leur éviter les frais élevés de transport par terre jusqu'à Bône et de faciliter leur transport direct par mer en France en les dégrevant de doits de douane. L'Italie, d'ailleurs, avait concédé aux blés tunisiens un tarif réduit, et l'intérêt bien entendu du commerce et du consommateur français était de les dériver sur la France. Mais ces raisons ne prévalurent pas au Parlement français où la coalition des partisans de l'annexion et des représentants des agriculteurs et commerçants métropolitains intéressés au maintien du régime existant, fit échouer tous les efforts du Protectorat et du Gouvernement. Ce ne fut pas sans doute un échec personnel pour Paul Cambon, et la Colonie française, avec les indigènes, lui sut gré et lui témoigna sa reconnaissance de ses efforts; mais il fut néanmoins très affecté de la résistance du Parlement. D'ailleurs son successeur, M. Massicault, qui s'attacha, comme lui, à cette question dès son arrivée en Tunisie, se heurta à la même obstination parlementaire et n'en triompha que quatre ans après, grâce à la puissante intervention et à l'éloquence enflammée de M. Ribot, qui finit par convaincre le Parlement et lui faire voter la loi du 19 juillet 1890.

Sur tous les autres points, Paul Cambon avait, quand il quitta la Tunisie, réalisé le programme de la France : respect, maintien et amélioration progressives des institutions tunisiennes sous la direction et le contrôle de la France, sans autre dépense pour le budget de la Métropole que l'entretien des troupes [1], dont le coût a été réduit d'ailleurs de 17.176.000 francs en 1884 (après l'occupation et la pacification) à 7.498.901 francs en 1886 [2].

C'était pour lui et pour la France un éclatant succès. Le Protectorat n'était plus une dénomination vague et imprécise, « un expédient diplomatique ». Il répondait désormais à une réalité, « à un système

(1) Les dépenses de la Résidence générale et de la Justice française, d'abord inscrites au budget français sous réserve de reversement par la Tunisie, furent plus tard imputées directement au budget beylical.

(2) Rapport de M. Ribot au Président de la République du 15 octobre 1890.

« nouveau réformateur, ayant pour lui la consécration de l'expérien-
« ce et de la réussite, et dont la marche rationnelle et bienfaisante
« a fait apparaître dans la politique coloniale de la France un esprit
« de suite, une persévérance, une ténacité qui ne sont point des ver-
« tus communes... Grâce à la bonne politique appliquée en Tunisie
« vis-à-vis d'une constitution imparfaite, on sait maintenant qu'au-
« cune société, barbare ou civilisée, n'offre aux expériences des
« hommes d'Etat une matière indéfiniment incompressible. Ces
« idées si nouvelles, si contraires, semblait-il, aux habitudes prime-
« sautières et indépendantes du génie français, ont pris si fortement
« possession de l'esprit public qu'on ne trouverait pas à l'heure ac-
« tuelle (septembre 1892) dix voix dans les deux Chambres pour
« décréter l'annexion de la Tunisie. C'est ainsi que le Protectorat
« est devenu le type préféré de nos acquisitions coloniales. »

Ainsi parlait Jules Ferry [1] en septembre 1892. Un adversaire de
ses idées, M. de Lanessan, qui, en 1887, envoyé en mission en Tunisie, se gardait encore de se prononcer sur l'œuvre de Paul
Cambon, s'exprimait en 1916, dans la deuxième édition de son ouvrage, en termes des plus élogieux pour le Protectorat et son fondateur. « Au cours de mon enquête de 1887 en Tunisie, où Paul
« Cambon me donna toutes facilités en vue de l'étude du pays et
« des multiples questions relatives à son organisation..., je constatai
« que le Résident général et ses collaborateurs français apportaient
« dans l'accomplissement de leur tâche très délicate, un zèle dont
« les administrations métropolitaines donnent rarement le spectacle.

« Comme le Gouvernement de la République accordait au Rési-
« dent général une confiance absolue et ne cachait pas son désir de
« voir notre nouvel établissement colonial faire lui-même sa desti-
« née, avec ses ressources propres, chacun, dans l'administration du
« Protectorat français, avait conscience de ses responsabilités et de
« son devoir; chacun s'efforçait de mener à bien une entreprise
« d'où tous tireraient honneur et profit si elle réussissait.

« Paul Cambon, qui avait eu la charge et l'honneur d'établir
« le programme politique et administratif du Protectorat français,
« avait fort bien compris la nécessité de limiter le rôle de la France,

---

(1) Préface déjà citée.

« surtout dans les débuts, au contrôle de l'administration indigène
« dans les provinces et à la direction du Gouvernement beylical au
« moyen de conseils assidus sans être importuns. Aussi l'accord le
« plus parfait régnait-il entre le Résident général, le Bey et ses mi-
« nistres, d'une part, les fonctionnaires tunisiens et les contrôleurs
« français, d'autre part. Partout, au cours de ma visite, je recueillis
« des témoignages incontestables de l'harmonie qui existait entre
« les éléments européens et les éléments indigènes de l'administra-
« tion. Et, partout aussi, je constatai que, de cette harmonie, résul-
« tait l'acceptation bénévole, sinon reconnaissante, du Protectorat
« français, par les populations indigènes.

« Ce service est, sans nul doute, le plus grand que Paul Cam-
« bon ait rendu à la Tunisie, car les habitudes de confiance récipro-
« que établies par lui entre les Indigènes et les Français ont été con-
« servées par tous ses successeurs et ont rendu possible le règlement
« de questions qui, avec d'autres traditions, auraient pu être d'une
« solution fort difficile. »

« J'achevai », continue M. Lanessan, « mon travail de 1887 sur la
« Tunisie au cours de la mission dont le Gouvernement m'avait
« chargé en Extrême-Orient et qui me permit de me rendre compte
« sur place des procédés coloniaux appliqués par les Anglais dans
« l'Inde, par les Hollandais à Java et par la France en Indo-Chine.
« Ce que je vis dans cette dernière colonie me confirma dans l'opi-
« nion que l'étude de la Tunisie m'avait inspirée : elle me fit acqué-
« rir la conviction, très renforcée ultérieurement par ma propre expé-
« rience, que le Protectorat est, de toutes les formes d'administra-
« tion des Colonies, la plus favorable au pays colonisé et à la nation
« colonisatrice, parce qu'il est le plus économique et le plus hu-
« main. »

On pourrait multiplier ces citations de témoignages flatteurs pour
l'œuvre de Paul Cambon en Tunisie. Aucun n'est plus éloquent
que les faits qui se sont succédé depuis 1886.

L'extension du système du Protectorat en Indo-Chine, à Madagascar, et plus récemment au Maroc, où son succès grandit chaque
jour, à pas de géant, n'a été possible que parce qu'il avait réussi en
Tunisie. Et, non seulement il a été imité dans son plan général,

mais nombre de ses détails d'organisation ont servi de modèle au Maroc. Quant à la loi foncière tunisienne, elle a été importée de toutes pièces à Madagascar et au Maroc, et peut-être inspirera-t-elle un jour les Etats de Syrie et l'Algérie.

Mais ce qu'il y a peut-être de plus caractéristique encore de l'œuvre de Paul Cambon, c'est que tous ses successeurs en Tunisie l'ont continuée, qu'elle est plus vivante et plus solide que jamais, qu'elle subsiste non seulement dans son esprit, mais dans ses textes qui n'ont, en général, pas eu besoin de retouches profondes à travers plus de quarante ans d'application, que l'équilibre financier « si soigneusement établi par Paul Cambon et ses collabora- « teurs [1] » a été constamment maintenu sans un seul manquement ou insuccès durant cette longue période, malgré toutes les difficultés, malgré la guerre, et que toutes les réformes financières annoncées par Paul Cambon ont été successivement réalisées (suppression des fermages, modernisation des impôts avec maintien des appellations et des traditions auxquelles les indigènes étaient attachés).

Le sillon tracé par Paul Cambon l'a été profondément et d'une main sûre. La Tunisie lui en garde une vive reconnaissance.

G. DUBOURDIEU,
Directeur général honoraire
des Finances tunisiennes.

21 Mai 1929.

---

[1] JULES FERRY, op. cit

L'HOMMAGE

DE LA TUNISIE

A

PAUL CAMBON

———

LE MONUMENT PAUL CAMBON

INSCRIPTIONS GRAVÉES SUR LE MONUMENT

Face principale

PAUL CAMBON
1843-1924
Premier Résident
de France
en Tunisie
1882-1886

Quatrième face

PAUL CAMBON
né le 2 janvier 1843
Chef de Cabinet de Jules Ferry 1871
Secrétaire général :
des Alpes-Maritimes 1871
des Bouches-du-Rhône 1871
Préfet :
de l'Aube 1872
du Doubs 1874
du Nord 1877
Ministre Résident à Tunis
du 10 février 1882 au 6 janvier 1886 [1]
Ambassadeur de France :
à Madrid 1886-1891
à Constantinople 1891-1898
à Londres 1898-1920
Membre de l'Institut

BOMPARD,
D'ESTOURNELLES DE CONSTANT,
EUGÈNE REGNAULT, DEPIENNE,
collaborateurs à Tunis

---

[1] Erreur du lapicide. Paul Cambon a quitté Tunis le 15 novembre 1886.

HOMMAGE A PAUL CAMBON

En 1928, d'anciens collaborateurs, des amis et des admirateurs de Paul Cambon, désireux d'honorer sa mémoire, ont pris l'initiative de rappeler par un souvenir durable son œuvre au service de la France et ont constitué un Comité à l'effet de préparer l'érection d'un monument à Tunis.

Paul Cambon avait, de son vivant, confié à un de ses intimes que, s'il pouvait jamais venir à la pensée de ses contemporains de lui rendre un hommage public, c'était à Tunis qu'il désirait qu'il lui fût rendu, sur cette terre d'Afrique où il avait la conscience d'avoir fait l'effort de création, d'organisation et d'administration le plus utile et la joie d'y avoir laissé le meilleur de lui-même.

Ce projet fut accueilli à Tunis avec la plus chaleureuse sympathie. Le Résident général de France, M. Lucien Saint, voulut bien accorder son haut patronage à la constitution d'un Comité local auquel adhérèrent avec empressement, outre diverses personnalités éminentes, les collaborateurs Tunisiens et Français qui furent les premiers témoins de la mise en œuvre du Protectorat de la France en Tunisie. Une participation importante de l'œuvre du Comité fut assurée de ce chef.

En France, nombreuses furent les personnes qui tinrent à s'associer à l'hommage projeté à l'égard de Paul Cambon qui, après avoir été l'un des meilleurs serviteurs de la cause française en Tunisie, joua dans notre histoire diplomatique le rôle considérable qui lui assure une des premières places parmi les hommes d'Etat de notre pays. De toutes parts, elles apportèrent au Comité leur concours et leur souscription, et l'aidèrent à faire connaître son initiative et à la propager autour d'elles.

Ces efforts conjugués ont abouti à l'édification à Tunis, sur la Place Pasteur, au bout de l'avenue de Paris et en face de l'entrée du Parc du Belvédère, du beau monument dont la photographie est reproduite à la page précédente.

Dû au ciseau de Mme Serruys (Mme Pierre Mille), il consiste en une stèle quadrangulaire dressée sur un piédestal en tronc de pyramide.

La face principale de la stèle offre la représentation, d'une ressemblance parfaite, de Paul Cambon, assis dans la pose qui lui était familière, et au-dessous, l'inscription reproduite ci-dessus, page 53.

Les deux faces latérales portent en grandeur naturelle les statues de la *Réflexion* et de la *Sagesse*, les deux qualités principales de Paul Cambon.

Sur la quatrième face sont gravés, en lettres d'or, les diverses étapes de la carrière de Paul Cambon et les noms de ses principaux collaborateurs : BOMPARD, D'ESTOURNELLES DE CONSTANT, REGNAULT, DEPIENNE. Et, au-dessous, sur le piédestal, des plaques en bronze portent les noms des membres des Comités de Paris et de Tunis.

Tous les frais du monument payés, il est resté sur le produit des souscriptions un notable reliquat de fonds que le Comité a, dans un dernier hommage à la mémoire de Paul Cambon, l'un des fondateurs en France de l'Alliance Française et créateur en Tunisie d'une Section présentement très vivante et agissante, décidé d'attribuer à cette Section pour l'intensification de sa propagande.

*
* *

L'inauguration du Monument Paul Cambon a eu lieu le 21 mai, à 10 heures du matin, par une radieuse journée. Elle a fourni à la population de Tunis l'occasion de rendre un solennel hommage à la mémoire de l'illustre homme d'Etat et à son œuvre tunisienne « *Le Protectorat* », dont on a pu dire qu'on a célébré ce jour-là la fête en attendant d'en commémorer dans deux ans, en 1931, le cinquantenaire.

Imposante fut la cérémonie ordonnée par M. Curtelin, premier Vice-Président français de la Municipalité de Tunis et présidée par M. François Manceron, Ministre Résident général de la République française en Tunisie.

S. A. le Bey de Tunis avait tenu à y assister.

M. Henri Cambon, Ministre de France à Sofia, fils de Paul Cambon, présent à la cérémonie, avait apporté au Résident général les

S. A. le Bey et M. F. MANCERON, Ministre Résident Général
reçus par M. Curtelin, Vice-président de la Municipalité, à leur arrivée
à la Tribune officielle

regrets de son oncle, M. Jules Cambon, ancien Ambassadeur de France à Berlin, Président de la Conférence des Ambassadeurs à Paris, empêché, par les ménagements qu'exige sa santé, de faire le voyage de Tunis.

M. Bompard, Ambassadeur de France, Sénateur de la Meuse, et M. Regnault, Ambassadeur de France, qui furent les premiers collaborateurs de Paul Cambon, étaient venus de France pour assister à l'inauguration en leur nom personnel. M. Regnault avait en outre été désigné par M. Briand, Ministre des Affaires Etrangères, pour le représenter.

M. Alapetite, Ambassadeur de France, ancien Résident général en Tunisie, retenu par son état de santé, avait chargé Mᵉ Cirier, avocat-défenseur, de lire le discours qu'il avait préparé dans l'espoir de venir le prononcer lui-même.

M. Lucien Saint, naguère encore Résident général à Tunis avant d'aller au Maroc, avait adressé à M. Manceron, son successeur, le télégramme suivant :

« Au moment où la Tunisie donne à Paul Cambon un témoignage concret de sa reconnaissance, je tiens à vous renouveler mes regrets de n'avoir pu répondre à l'invitation du Comité d'inauguration et à m'associer de tout cœur à cette consécration d'un légitime hommage à la mémoire de notre grand prédécesseur. »

Une foule considérable s'était portée autour du Monument, dans l'enceinte réservée par la Municipalité. Une délégation de l'Ecole de jeunes filles Paul Cambon et de l'Etablissement scolaire de l'Ariana, y figurait en bonne place. Trois tribunes drapées de tentures tricolores recevaient les invités du Gouvernement et du Comité.

A la tribune officielle, avaient pris place, autour du Résident général et du Bey, les personnalités officielles dont la *Dépêche Tunisienne* a reproduit les noms ci-après :

MM. Regnault, ambassadeur de France, délégué du Ministre des Affaires étrangères ; Bompard, ambassadeur de France ; Henri Cambon, ministre de France à Sofia, fils de l'ancien Résident général de France en Tunisie ; Maurel, secrétaire général du Comité parisien d'érection du monument ;

Mmes Manceron, Bompard, Bonzon, Maurel et Serruys, auteur du monument;

M. Bonzon, Ministre plénipotentiaire, Délégué à la Résidence générale;

MM. le général Pineton de Chambrun, commandant supérieur des Troupes de Tunisie, accompagné du colonel Aubert; le contre-amiral Picot, représentant l'amiral Hallier, préfet maritime;

LL. EE. Khelil Bouhageb, Premier Ministre de S. A. le Bey; Taïeb Djellouli, Premier Ministre honoraire; Tahar Khereddine, Ministre de la Justice; El Hadi Lakhouat, Ministre de la Plume; Hamida ben Raïs, Garde du Sceau;

S. G. Mgr Lemaître, archevêque de Carthage, primat d'Afrique, accompagné de l'abbé Descroix, secrétaire de l'Archevêché, et des Pères Blanc Lapeyre et Huguenot;

M. Antoine Gaudiani, vice-président du Grand Conseil;

MM. Thierry, directeur général de l'Intérieur, accompagné de son chef de cabinet, M. Bonnet; D. Gaudiani, directeur général adjoint de l'Intérieur; Crancier, directeur général, et Soubrane, directeur général adjoint des Finances; Favières, directeur général adjoint des Travaux publics; Gau, directeur général de l'Instruction publique; Lescure, directeur général de l'Agriculture; Duteil, directeur des Postes; Ducos de Lahaille, directeur de la Justice tunisienne; Dubourdieu, directeur général honoraire des Finances;

M. M'hamed Chenik, vice-président de la Section indigène du Grand Conseil;

MM. Ventre, président de la Chambre de Commerce; Gounot, président de la Chambre d'Agriculture; Verdier, président de la Chambre des Intérêts miniers; Me Cirier;

MM. le Grand Rabbin de Tunisie; le pasteur Cabantous; Eugène Bessis, président de la Communauté israélite; V. Bessis, de la Chambre d'Agriculture indigène;

MM. Mac Leod, consul général de S. M. Britannique; Barduzzi, consul général d'Italie; Potons, consul général d'Espagne; Minck, consul général de Suède; Ellefsen, consul général de Danemark; Wilhelm Thomas, consul général d'Allemagne; Jules Curtelin, consul de Hollande; Constandopoulo, consul de Grèce; Prat, consul du Japon;

LA TRIBUNE OFFICIELLE

MM. Guyot, procureur de la République; Labbe, président du Tribunal mixte; Dalloz, Fabiani et Versini, vice-présidents du Tribunal; Mᵉ Coulon, bâtonnier de l'Ordre de Avocats;

MM. le colonel Jaccomet, commandant la brigade d'Infanterie; l'intendant général Lacouture; le médecin colonel Sandras, directeur du Service de Santé; le colonel Vicq, commandant le 4ᵉ Chasseurs d'Afrique; le colonel vétérinaire Pagnon; le lieutenant-colonel Lemonnier;

MM. Abribat, vice-président de la Municipalité; Chadly El Okby, cheikh el Médina; Eloy, directeur des Travaux de la Ville; Dupla, directeur des Services judiciaires; Lagrange, directeur de la Conservation Foncière, président de l'Alliance Française;

MM. Le Theuff, inspecteur général des Services administratifs à la Direction générale de l'Intérieur; Maron, directeur de la Compagnie Fermière des Chemins de fer tunisiens; Balthazard, directeur de la Sûreté; de Tournemire, directeur de l'Armée tunisienne; Reycoudier, président de la Chambre de Commerce de Bizerte; Fonfreide, trésorier général; Debierre, directeur des Forêts; le colonel Abdul Wahab, sous-directeur du protocole.

Un dais abritait les orateurs, collaborateurs, amis, disciples ou admirateurs de Paul Cambon, qui ont retracé l'incomparable carrière de l'illustre diplomate et du grand administrateur français que fut Paul Cambon.

M. Bompard, ambassadeur de France, sénateur de la Moselle, prend le premier la parole. Pendant son discours, le monument, libéré du voile qui le recouvre, apparaît aux yeux de la foule qui applaudit, tandis que la « Marseillaise », puis l'Hymne beylical, sont joués par la musique du 4ᵉ Zouaves.

Mᵉ Cirier, avocat-défenseur, donne lecture du discours de M. Alapetite, Résident général de Tunis de 1907 à 1918, retenu à Paris par sa santé, parlant pour les successeurs de Paul Cambon.

MM. Curtelin, au nom de la Municipalité de Tunis; Antoine Gaudiani, vice-président de la Section française du Grand Conseil de Tunisie; M'hamed Chenik, vice-président de la Section indigène de la même Assemblée, lui succèdent.

Puis M. Mac Leod, consul d'Angleterre, vient, aux applaudissements de l'assistance, apporter l'hommage du Gouvernement de Sa

Majesté Britannique au grand patriote et au grand ami de la Grande Bretagne que fut Paul Cambon.

M. Regnault, ensuite, salue le monument du Chef sous lequel il a servi de 1883 à 1886 à Tunis et donne lecture du message que M. Briand, Ministre des Affaires étrangères, a, au nom du Gouvernement de la République, adressé à la Tunisie en ce jour de commémoration respectueuse de son premier Résident général.

Enfin, M. Manceron fait une magistrale revue du développement qu'a pris la Tunisie depuis le début du Protectorat sous la conduite des successeurs de Paul Cambon, fidèles observateurs de son programme et continuateurs de sa politique, et avec la collaboration continue des Beys qui ont succédé à S. A. Ali Bey, l'ami de Paul Cambon et de la France, et dont S. A. Ahmed Bey, son fils, continue la tradition loyaliste.

Tous ces discours [1] ont été accueillis par de longs applaudissements. La péroraison éloquente du Résident Général notamment suscite des ovations chaleureuses et répétées.

A l'issue de la cérémonie, le Résident Général et Mᵐᵉ Manceron ont offert un déjeuner à la Résidence Générale à l'occasion de l'inauguration du monument Paul Cambon.

Dans l'après-midi, à 17 heures, la Municipalité de Tunis a offert une réception au Pavillon de son Parc du Belvédère à M. le Résident Général et à Mᵐᵉ Manceron, à MM. Henri Cambon, Bompard et Regnault, aux personnalités qui avaient assisté le matin à la cérémonie d'inauguration et à tous les invités de la Ville.

Le soir, à 20 heures, le Comité parisien du Monument Paul Cambon a réuni à dîner, au Tunisia Palace, les personnalités qui se sont occupées de l'inauguration du Monument et les dirigeants de la Section tunisienne de l'Alliance Française.

M. Manceron, Résident général, avait pris place entre MM. Bompard et H. Cambon. Le général de Chambrun, M. Bonzon, S. E. le Ministre de la Plume, M. Crancier, M. Taïeb Djellouli, M. Guyot, M. Chadli el Okby, M. Labbé, M. Curtelin, M. Eugène Bessis, M. Maron, M. Reycoudier, M. Cirier, M. Thiaucourt, M. Bigot, M. Du-

---

(1) Reproduites ci-après, pages 65 et suivantes.

tard occupaient les places voisines. En face étaient installés : M. Maurel, S. E. le Premier Ministre, M. Regnault, M. Dubourdieu, M. Thierry, M. Gaudiani, M. Gau, M. M'Hamed Chenik, M. Dramard, M. Lescure, M. Isnard, M. Ducos de Lahaille, M. Ventre, M. Gounot, M. Verdier, M. Monchicourt, M. Maurin, M. Verdier, M. Laroche, M. Lagrange, M. le docteur Brun, M. de Verneuil, M. Monge, ainsi que les représentants des journaux locaux.

A la fin du repas, M. Maurel prit la parole pour transmettre les regrets des personnalités n'ayant pu assister à l'inauguration du Monument (MM. Jules Cambon, Alapetite, Lucien Saint, Maréchal Lyautey, etc...).

M. Manceron, Résident général, annonça ensuite, aux applaudissements de l'assistance, la décision du Comité d'attribuer à la Section tunisienne de l'Alliance française l'excédent de ses fonds de souscription.

En qualité de Président d'honneur de l'Alliance Française, M. Gau prit la parole pour remercier le Comité.

Et, pour clore cette réunion, M. Henri Cambon, fils de M. Paul Cambon, tint à évoquer avec une filiale piété le souvenir de son père [1].

C'est par cette réunion émouvante et digne que se termina la belle journée que la Tunisie avait voulu réserver à l'un de ceux qui furent parmi ses meilleurs serviteurs.

(La Dépêche Tunisienne.)

---

[1] Les discours de MM. Maurel, Manceron, Gau et Cambon sont reproduits ci-après, pages 85 et suivantes.

COMPOSITION DES COMITÉS

PRÉSIDENTS D'HONNEUR

S. A. le BEY de Tunis.

MM. Raymond POINCARÉ, Président du Conseil.

Aristide BRIAND, Ministre des Affaires étrangères.

Lucien SAINT, Ministre plénipotentiaire, ancien Résident général en Tunisie.

François MANCERON, Ministre plénipotentiaire, Résident général en Tunisie.

COMITÉ DE PARIS

MM. ALAPETITE, Ambassadeur de France, ancien Résident général en Tunisie, Président du Comité.

BAPST, Ambassadeur de France.

BARRÈRE, Ambassadeur de France.

Ph. BERTHELOT, Ambassadeur de France, Secrétaire général du Ministère des Affaires étrangères.

BOMPARD, Ambassadeur de France, Sénateur.

DE FLEURIAU, Ambassadeur de France à Londres.

CORDIER, Président de la Compagnie des Chemins de fer Paris-Lyon-Méditerranée.

Fernand FAURE, Sénateur de la Gironde.

Joseph FAURE, Vice-Président du Syndicat des Colons français en Tunisie.

Maréchal FOCH.

G. HANOTAUX, ancien Ministre des Affaires étrangères, Membre de l'Académie française.

Adrien HÉBRARD, Directeur du journal *Le Temps*.

JUSSERAND, Ambassadeur de France.

Vice-Amiral LACAZE.

André LEBON, ancien Ministre, Président du Crédit Foncier d'Algérie et Tunisie.

Maréchal LYAUTEY.

Pierre MILLE, Homme de Lettres.

E. MIR, ancien Sénateur.

DE NALÈCHE, Directeur du *Journal des Débats*.

Paul Ernest-PICARD, Directeur général de la Banque d'Algérie.

St. PICHON, ancien Ministre des Affaires étrangères, ancien Résident général en Tunisie.

Ch. GEORGES-PICOT, Président de la Société générale de Crédit industriel et commercial, Président du Syndicat des Colons français en Tunisie.

REGNAULT, Ambassadeur de France.

TRÉLAT, Président de la Compagnie fermière des Chemins de fer tunisiens.

Marquis DE VOGÜÉ, Président de la Compagnie du Canal de Suez.

COMITÉ DE TUNIS

MM. THIERRY, Directeur général de l'Intérieur, Président du Comité.

S. G. Mgr LEMAITRE, Archevêque de Carthage.

Taïeb DJELLOULI, Premier Ministre honoraire.

Khelil BOUHAGEB, Premier Ministre.

Antoine GAUDIANI, Vice-Président de la Section française du Grand Conseil.

M'Hamed CHENIK, Vice-Président de la Section indigène du Grand Conseil et Président de la Chambre de Commerce indigène.

VENTRE, Président de la Chambre de Commerce française.

GOUNOT, Président de la Chambre d'Agriculture française.

Omar BACCOUCHE, Président de la Chambre d'Agriculture indigène.

VERDIER, Président de la Chambre des Intérêts miniers.

Reycoudier, Président de la Chambre mixte du Centre.
Boucher, Président de la Chambre mixte du Sud.
Dramard, Président du Tribunal français de Tunis.
Chadly Okby, Cheikh el Medina.
Curtelin, Vice-Président de la Municipalité de Tunis.
Eugène Bessis, Président de la Communauté israélite.
Dubourdieu, Directeur général des Finances honoraire.
le Général Younès Hadjouj, Directeur du Protocole.

SECRETAIRE-TRESORIER DES COMITES

M. Gabriel Maurel, Rédacteur au journal *Le Temps*.

M. MAURICE BOMPARD
prononçant son discours

REPRODUCTION DES DISCOURS

DISCOURS DE M. MAURICE BOMPARD

Paul Cambon, dont nous célébrons aujourd'hui la mémoire, se classe dans les fastes diplomatiques au premier rang des grands ambassadeurs de notre pays. Envoyé à Londres au lendemain de l'incident de Fachoda, alors que les rapports entre la France et l'Angleterre étaient tendus à l'extrême, il lui a été donné, après six années consacrées au rapprochement des deux peuples, de conclure entre eux une cordiale entente et, dix ans plus tard, de sceller leur alliance dans la plus grande guerre que le monde ait connue. Jamais mission diplomatique ne fut plus brillamment remplie ni couronnée d'un plus éclatant succès. L'ambassade de Paul Cambon en Angleterre restera mémorable dans l'Histoire et demeurera son plus beau titre de gloire devant la postérité.

Et, cependant, Paul Cambon ayant eu vent de l'intention d'élever un jour un monument en son honneur, a exprimé le vœu que, s'il était ainsi fait, ce monument fût érigé à Tunis. N'en soyons pas surpris: le protectorat tunisien, création originale, est l'œuvre personnelle de Paul Cambon; c'est lui qui l'a conçu, voulu et réalisé, et de là vient qu'il avait comme la tendresse d'un père pour cet enfant de son génie. Me tenant à l'unisson de ce pieux sentiment je ne parlerai aujourd'hui que de faits tunisiens.

Rares à présent, bien rares sont les premiers collaborateurs de Paul Cambon en Tunisie. De ceux qui l'accompagnaient à bord de l' « Hirondelle » qui l'amena à La Goulette le 2 avril 1882, je suis le dernier survivant. Associé par lui, dès l'origine, à ses études et à ses travaux, je suis à même de retracer la genèse du protectorat tunisien. C'est ce que je vais faire, rien ne me paraissant plus propre à illustrer la lucidité d'intelligence de son auteur, la sûreté de son jugement et, avec la hardiesse de ses desseins, la prudence et la souplesse qu'il savait allier, dans l'exécution, à une inébranlable fermeté.

Ce serait une erreur de croire qu'en lançant, au printemps de 1881, une colonne légère sur Tunis, le Gouvernement français eût pour objectif d'instituer en Tunisie le régime que nous connaissons aujourd'hui sous le nom de protectorat, et une erreur non moins grande de se figurer que, du moins, ce régime dérive comme de source du traité du Bardo signé le 12 mai 1881, en conclusion de ce raid militaire. Il n'en est rien, en effet. Le Gouvernement français n'avait pas, en 1881, un pareil dessein; il ne songeait même pas, tout d'abord, à intervenir militairement en Tunisie et il ne s'y est décidé que sous le coup de nécessités politiques dont il n'avait pu satisfaire autrement les exigences. Aussi, jusqu'au bout, s'est-il efforcé de réduire son intervention aux proportions d'une simple démonstration militaire et, dès qu'une issue s'est offerte à lui, il a suspendu la marche de la colonne qui venait d'atteindre la Manouba, arrêtant ses troupes aux portes de Tunis et ordonnant le retrait contre un minimum de garantie pour la sécurité de l'Algérie, raison d'être de son entreprise. Le traité du Bardo, conclu dans cette disposition d'esprit, se contente de placer les relations extérieures de la Régence sous le contrôle de la diplomatie française, afin de soustraire la Tunisie au jeu des compétitions internationales, mais il ne va pas plus loin et, notamment, l'administration intérieure du pays reste en dehors de ses prévisions. Le traité du Bardo ne parle pas de protectorat.

Si réservée que la France eût été dans son intervention et, peut-être même, en raison de cette réserve, la Tunisie, désorientée par les événements et laissée, à leur suite, sans direction, fut secouée par une succession de mouvements convulsifs qui s'étendaient chaque jour davantage et allèrent jusqu'à battre la frontière de l'Algérie, si bien que, pour mettre fin à des désordres qui devenaient menaçants, le Gouvernement français, à l'automne de 1881, dut se résoudre à organiser une seconde expédition, d'une certaine envergure celle-ci, qui aboutit à l'occupation militaire de Tunis et de la Régence tout entière. Le peu qui restait alors du Gouvernement beylical fut emporté par la tourmente; le Bey n'était plus écouté, sa voix même ne portait guère au-delà de la banlieue de Tunis et aucune autorité n'existait plus à l'intérieur du pays que celle, passagère et inordonnée, des chefs successifs de détachements des troupes d'occupation. Le traité du Bardo était dépassé de très loin et comme, au terme de cette seconde expédition, il n'avait été cependant ni amendé ni complété pour être mis au niveau des événements, il en était résulté que tout Gouvernement régulier avait disparu de la Régence; l'anarchie était complète.

D'autre part, en France, l'entreprise tunisienne ne jouissait pas alors, comme il advint plus tard, de la faveur de l'opinion publique, tant s'en faut. Les deux expéditions militaires auxquelles elle avait donné lieu coup sur coup, avaient occasionné des pertes douloureuses, du fait surtout de la fièvre typhoïde; elles avaient entraîné des dépenses élevées et suscité de graves difficultés diplomatiques. La France en était lasse; elle aspirait à un prompt règlement de la question tunisienne qui la dégageât des complications dans lesquelles elle était impliquée et la mît à l'abri de celles qui pourraient à l'avenir survenir du même chef. Elle souhaitait, en un mot, ne pas avoir à s'occuper davantage de la Tunisie.

Telle était la situation quand, par décret du 18 février 1882, Paul Cambon fut nommé Ministre Résident à Tunis, ce qui est (remarquez-le bien) un titre purement diplomatique. Paul Cambon ne se laissa pas rebuter par les difficultés du problème dont le Gouvernement lui abandonnait la solution, mais, après étude approfondie de ses données, il tira de celles-ci les conséquences qui en découlaient logiquement. Puisque le Gouvernement français, pour de multiples raisons, tenait à rester, à ce titre, à l'écart des affaires intérieures de la Tunisie, il était d'une impérieuse nécessité que la Régence possédât un Gouvernement de son crû, qui eût mandat et capacité de pourvoir par lui-même à l'administration du pays. La première tâche qui, au sens de Paul Cambon, incombait ainsi au Représentant de la France, si paradoxal que cela pût paraître et paraissait en effet à d'aucuns qui ne se faisaient pas faute de le proclamer, était de relever le Gouvernement beylical qui s'était effondré devant nos armes, de lui rendre vie et autorité et même de le reconstituer plus solide et plus puissant qu'il n'était autrefois. Loin donc de se cantonner dans le contrôle des relations extérieures et de demeurer spectateur impassible des événements intérieurs de la Régence, le Représentant de la France devait au contraire, suivant lui, intervenir de sa personne pour redresser le Gouvernement beylical défaillant et pour lui imprimer une direction conforme aux intérêts maintenant conjugués des deux pays. C'est dans cette vue que Paul Cambon imagina et mit en vogue un système de Gouvernement mixte, en forme de protectorat, dont le trait essentiel est la coopération journalière du protecteur et du protégé dans la gestion des affaires publiques.

Ce fut pour moi un honneur insigne, dont je suis fier encore, d'avoir été choisi, en février 1883, par Paul Cambon, pour mettre en œuvre au Dar-el-Bey sa conception du Protectorat. Tout en me conservant auprès de lui en la qualité, que je possédais au titre français, de Secrétaire d'ambassade, il me fit investir par le Bey, et par conséquent à titre tunisien, des fonctions de Secrétaire général du Gouvernement beylical, avec droit de regard sur toutes les affaires de l'Etat. De la sorte une liaison étroite était établie entre la Résidence de France et le Gouvernement du Bey et c'est ainsi que, grâce à leur intime conjonction, l'esprit du régime s'est propagé peu à peu dans les diverses institutions du pays, à commencer par l'antique Ouzara dont une réforme intérieure fit un organe de gouvernement moderne, adapté à la situation nouvelle de la Tunisie.

Ce Gouvernement, embryon du Gouvernement du Protectorat, ne tarda pas à faire bonne figure à Tunis; il prit aussi, assez vite, corps dans la Régence malgré les résistances qu'il rencontra au début. Il n'en avait pas moins une existence précaire encore, puisqu'il reposait sur un protectorat dépourvu de fondement juridique. Par cette mise en vigueur anticipée du système de Gouvernement qu'il se proposait d'instituer, Paul Cambon voulait démontrer, par l'expérience, la valeur de sa conception afin de pouvoir, s'il en était besoin, opposer le fait accompli aux objections de la routine, mais il ne perdait pas de vue la nécessité de doter le protectorat d'un statut légal. A cette fin il conclut avec le Bey, le 8 juin 1883, un nouveau traité par lequel le Gouvernement tunisien, entérinant cette fois le protectorat, s'engageait à procéder aux réformes administratives, financières et judiciaires que le Gouvernement français jugerait utiles. C'est ce traité, postérieur de deux ans au traité du Bardo, qui est à la base du protectorat tunisien. S'il n'a pas eu, lors de sa signature, le même retentissement que le traité du Bardo, cela tient à ce qu'il ne faisait, en somme que consacrer un état de choses pré-existant auquel le public était déjà accoutumé. Il n'en est pas moins la charte fondamentale du Protectorat.

Ce régime a depuis lors fait ses preuves et gagné largement ses lettres de noblesse. Voici près d'un demi-siècle qu'il procure à la Tunisie, sous l'égide de la France et l'autorité du Bey, ordre, justice et prospérité. Or, Paul Cambon, l'ayant d'abord construit dans son esprit, l'a mis ensuite en pratique sans aucun fracas, presque sans qu'il y parût et avec une grande simplicité de moyens. C'est là le propre du véritable homme d'Etat.

De très longue date et bien antérieurement aux événements que je viens de rappeler, la Tunisie avait perdu quelques-uns des attributs de la souveraineté, notamment en matières financière et judiciaire. En garantie de sa dette extérieure elle avait aliéné son indépendance financière entre les mains d'une Commission internationale qui détenait ses principaux revenus et ne lui laissait que des sommes dérisoires pour assurer la marche des services publics; d'autre part, le pouvoir législatif et réglementaire de l'Etat tunisien était tenu en échec par les capitulations qui soustrayaient une partie de la population à sa juridiction. Par cette double amputation de sa souveraineté la Tunisie se trouvait paralysée dans son Gouvernement; aucune réforme n'était possible. La France seule était en mesure de récupérer les droits souverains de la Tunisie, mais il fallait pour cela que le Gouvernement français consentît à les faire siens. Or, nous avons dit qu'il n'était pas alors porté à assumer la responsabilité des affaires tunisiennes. Paul Cambon dut user de tout son crédit qui, heureusement, était considérable, pour l'amener à une dérogation sur ces deux points.

Le Gouvernement français se décida, en mars 1883, à installer ses propres tribunaux dans la Régence et à ouvrir des négociations avec les Puissances étrangères jouissant en Tunisie du bénéfice des capitulations, à l'effet d'obtenir d'elles la fermeture de leurs tribunaux consulaires; les négociations ont été lentes et parfois difficiles et ce fut seulement en novembre 1884 que les tribunaux français ont été investis en Tunisie de la pleine juridiction sur tous les étrangers, sans distinction de nationalités. En avril de la même année Paul Cambon obtenait du Parlement la garantie de la France pour un emprunt tunisien de conversion de la dette gagée, dont le corollaire naturel a été la suppression, en octobre 1884, de la Commission financière internationale.

Ici se clôt la période, héroïque si je puis dire, de la fondation du protectorat tunisien. Le protectorat est maintenant assis sur des bases solides et peut fonctionner régulièrement, bien que le Gouvernement français ait attendu plus d'une année encore pour l'incorporer dans nos institutions, ce qu'il fit par le décret du 23 juin 1885 constitutif de la Résidence Générale.

Voici donc la Régence entrée, grâce à la France, en possession de tous ses droits souverains et son gouvernement mis en état de les exercer dans les termes du traité du 8 juin 1883. Restait à organiser méthodiquement l'administration tunisienne et à la doter des services nécessaires à son heureux fonctionnement. C'est à quoi Paul Cambon s'est consacré pendant les trois dernières années de son séjour à Tunis. Je n'ai pas à le suivre dans l'accomplissement de cette nouvelle tâche. Monsieur Dubourdieu, avec la rare compétence qu'il possède en pareille matière, a exposé en détail cette partie de l'œuvre de Paul Cambon dans une brochure qui vient de paraître et à laquelle je vous prie de vous reporter. L'organisation dont Paul Cambon avait jeté les bases a été poursuivie par une lignée de successeurs éminents avec un succès toujours croissant dont témoigne le magnifique épanouissement de la Tunisie, que nous avons maintenant sous les yeux. Cet épanouissement (et c'est là tout ce que j'avais à dire aujourd'hui) a pour point de départ l'ingénieux agencement du régime de protectorat imaginé et instauré par Paul Cambon, régime qui concilie harmonieusement les prérogatives politiques de la France et l'indépendance administrative de la Tunisie. Sans que la France ait eu à se dessaisir, en quelque mesure que ce soit, des droits éminents de la suzeraineté, la Tunisie est maîtresse de sa législation, elle a conservé ou créé ses institutions particulières, elle a un gouvernement et des services publics qui lui appartiennent; elle vit, en un mot, de sa vie propre et son développement économique est entre ses mains. Son sort paraîtrait enviable à bien des peuples.

Mais l'instrument forgé par Paul Cambon est d'un maniement délicat et il sera sage de n'y apporter des retouches qu'avec une extrême circonspection. Qu'on se garde bien de toute imprudence de nature à troubler le savant équilibre de droits et de devoirs, de pouvoirs et de responsabilités que réalise le protectorat tunisien et qui est la condition même de son existence.

Gloire à son illustre fondateur! Gloire à Paul Cambon!

Pour l'érection de ce monument deux Comités se sont formés, l'un à Paris, l'autre à Tunis dont M. Maurel, aidé de M. Curtelin, a été l'animateur. Ce double Comité patronné par S. A. le Bey, le Président du Conseil, le Ministre des Affaires étrangères et le Résident général en Tunisie, est composé d'anciens collaborateurs et continuateurs, d'amis et d'admirateurs de Paul Cambon. Il a été répondu avec empressement à son appel, tout d'abord par le Gouvernement tunisien qui ne lui a ménagé ni son assistance ni ses libéralités, et dont l'exemple a été suivi par la Municipalité de Tunis et les autres Municipalités de la Régence, puis par le Ministère des Affaires étrangères, par la Compagnie de Suez et par toutes les grandes sociétés industrielles, agricoles, commerciales et financières qui opèrent en Tunisie, et enfin

Mᵉ CIRIER
lisant le discours de M. Alapetite, ambassadeur de France, ancien Résident Général

par un grand nombre de personnalités de la diplomatie, de l'armée et des affaires qu'il serait trop long d'énumérer. Qu'ils soient tous ici remerciés.

L'exécution du monument a été confiée à une artiste réputée, Madame Serruys, dont vous avez pu admirer, au Musée du Luxembourg, certaines de ses œuvres anciennes. Depuis une dizaine d'années elle s'est consacrée à la statuaire ornementale, s'efforçant d'y apporter, avec la simplification moderne, les souvenirs de la culture classique, et elle a acquis, dans son art ainsi compris, une véritable maîtrise. Vous reconnaîtrez qu'elle s'est montrée particulièrement bien inspirée dans son œuvre nouvelle en donnant pour appui à la stèle où figure l'image de Paul Cambon, la Réflexion et la Sagesse qui ont marqué leur empreinte sur tous ses actes au cours de sa longue, laborieuse et brillante carrière.

M. Alapetite, Président du Comité de Paris, tenait à honneur de présider en personne la cérémonie de ce jour; il en a été empêché par son état de santé; mais Me Cirier va vous lire le discours qu'il avait préparé pour cette solennité. A son défaut, j'ai été chargé par le Comité de remettre le monument à la Ville de Tunis. Je vous prie, Monsieur le Président de la Municipalité, d'en accepter la remise. C'est en quelque sorte Paul Cambon lui-même qui confie à votre cité la garde de sa mémoire. Je ne doute pas que la Municipalité et la population tout entière n'aient à cœur de répondre à cette marque de confiance qui lui a été inspirée par son profond attachement à la Tunisie et que justifient les services éminents qu'il lui a rendus.

DISCOURS DE M. ALAPETITE

(Lu par Me Cirier)

Les grands serviteurs de l'Etat lui viennent habituellement d'un parti ou d'une carrière. Les uns se sont distingués dans les combats de la politique intérieure. Ils ont été portés au sommet par l'admiration reconnaissante de leurs compagnons de lutte. Une fois au pouvoir, ils se sont détachés des passions auxquelles ils avaient dû leur fortune; ils se sont improvisés hommes d'Etat et ont cherché les chemins de l'intérêt public. Mais trop souvent leur inexpérience a mis en échec leur bonne volonté.

D'autres, après avoir blanchi dans un service public dont tous les secrets leur étaient devenus familiers, sont invités à monter sur une scène plus large, à faire profiter d'autres services de la capacité dont ils ont donné des preuves éclatantes. Mais quelle supériorité d'esprit ne leur faut-il pas pour agrandir la portée de leur vision à mesure que l'horizon devient plus vaste autour d'eux et qu'ils doivent dominer de plus haut les routines professionnelles!

Paul Cambon n'a eu, pour bien servir son pays, ni à abjurer des erreurs de jeunesse ni à s'affranchir des préjugés d'un mandarinat. Sa maturité a été singulièrement précoce.

Le salon que rendaient si attrayant la haute intelligence et le sourire de sa mère s'ouvrait aussi bien aux survivants libéraux de la monarchie de Juillet qu'aux jeunes chefs qui étaient l'espoir du parti républicain. Il était mis en garde contre l'ingénuité des uns par les leçons brutales de l'Histoire dont les autres demeuraient ébranlés. Tous étaient également séduits par sa grâce discrète et déférente. Après le 4 septembre, Jules Ferry et Thiers devaient lui en témoigner la même confiance et le choisir pour les missions les plus délicates.

Dix ans plus tard, il devait tirer la IIIe République de l'un des embarras les plus graves qu'elle ait rencontrés. Jules Ferry avait occupé la Tunisie. Mais l'opinion publique avait été surprise et troublée. L'esprit de parti avait exagéré les pertes de la campagne et les périls que l'avenir pouvait nous réserver. Les électeurs de 1881 étaient encore courbés sous le souvenir de nos désastres. Un Gouvernement qui cherchait pour le pays des satisfactions de prestige dans un agrandissement de son domaine colonial devançait son temps et courait le risque d'être désavoué.

Les députés à qui la campagne de Tunisie avait été reprochée sacrifièrent celui qui l'avait entreprise. Jules Ferry fut renversé en rendant compte de sa victoire.

On se souvenait des glorieuses mais interminables et meurtrières expéditions qui avaient suivi la prise d'Alger, de tout ce qu'avait coûté en hommes et en argent la pacification de cette terre africaine.

Gambetta avait bien fait voter après la chute de Ferry que la France exécuterait le traité du Bardo. Mais il était bien évident que la Chambre n'entendait accepter ni de nouvelles charges pour le pays ni, pour elle-même, de nouvelles responsabilités.

Aussi la mission que M. de Freycinet, ratifiant le choix de Jules Ferry, avait confiée à Paul Cambon, en le chargeant d'organiser le protectorat français à Tunis, devait-elle exiger beaucoup de prudence et de modestie. Il fallait avant tout que la Tunisie ne fît plus parler d'elle, qu'on ne demandât pour elle à la Chambre, ni de l'argent, ni des hommes. La garantie de ses anciens emprunts, condition d'une conversion nécessaire, c'était tout le don de joyeux avènement qu'apportait le jeune ministre de France à la terre à laquelle il allait ouvrir de nouvelles destinées.

La conversion de la dette rendit possible l'œuvre de réforme. La Commission internationale de contrôle, gardienne de l'hypothèque des créanciers sur les plus gros revenus de la Régence, disparut. Les budgets en déficit furent remplacés par des budgets en excédent. On eut les ressources nécessaires pour payer les agents de contrôle qui veilleraient sur la perception et l'emploi des deniers publics.

Sans doute la progression des recettes, tout inespérée qu'elle fût, n'était pas assez rapide pour que M. Cambon pût étoffer à son gré les services de l'Etat, doter d'emblée la Régence de tous les organes de la civilisation européenne et hâter l'exécution du programme de travaux publics auquel était subordonnée la mise en valeur du pays. Mais l'Histoire lui rendra cette justice qu'il a magistralement conçu et dessiné le plan qu'il fallait suivre et montré par des exemples décisifs comment il devait être réalisé.

Si la colonie française a pu se former en Tunisie, si elle s'est recrutée autrement que parmi les chercheurs d'aventures, si elle peut se faire honneur de l'audace et de la persévérance de tant de pionniers intrépides, si elle a pu se développer magnifiquement dans un pays où la formule du protectorat excluait le droit de conquête et de confiscation, elle le doit bien à la paix que l'administration de M. Cambon a fait régner sur tout le territoire.

Le régime du protectorat suppose de part et d'autre la loyauté et la confiance. Ali Bey et son Premier Ministre El Aziz Bou Atour, gagnés par la droiture du représentant de la France, lui prêtèrent un concours sans réserve et partageront avec lui dans l'Histoire l'honneur de la rénovation de la Tunisie.

Paul Cambon n'aurait pas été le diplomate qu'il s'est révélé dans la suite de sa carrière, s'il n'avait pas su donner aux colonies étrangères qui avaient pris part au réveil économique de la Régence par une main-d'œuvre exercée et par d'importants échanges commerciaux, les garanties qui devaient les empêcher de regretter le temps où elles n'avaient affaire qu'à l'administration indigène.

La plus efficace de ces garanties devait être l'établissement de la Justice française qui mit à la place des juridictions consulaires, devant lesquelles la procédure était souvent sans issue, des tribunaux formés aux règles tutélaires du Droit français. L'œuvre se compléta par la loi foncière, imitée de l'Act Torrens, et qui fut la mise en pratique la plus admirable de l'indépendance législative du Protectorat. Grâce à elle disparurent peu à peu les titres suspects, sans authenticité, sans précision, se prêtant à toutes les chicanes et à toutes les impostures.

L'acquéreur qui a fait immatriculer est désormais en sécurité sur la terre qu'il a payée et qu'il fertilise. L'exemple qu'il donne est une leçon et un encouragement pour les cultivateurs indigènes qui, là où nous les voyons se fixer, obtiennent des rendements rémunérateurs.

La misère fait place à l'aisance et quand Paul Cambon est remplacé par Massicault, la démonstration est déjà faite. Le Protectorat est bien l'instrument de salut auquel la Tunisie ne ménage pas les témoignages de sa reconnaissance. Les successeurs de Paul Cambon, au nom de qui je parle, soutenus par une représentation organisée de la Régence et, — je ne serai pas désavoué par l'ami qui vous revient et qui recueille aujourd'hui son héritage — qui n'avaient qu'à suivre ses traces, étaient sûrs de ne pas s'égarer. Avec un pareil guide, la fermeté ne coûtait guère.

En quatre ans, comme le rappellent les deux historiens de cette époque, historiens qui avaient été des témoins et des collaborateurs — M. d'Estournelles et M. Dubourdieu —, sans impôts nouveaux et après des dégrèvements équitables, Paul Cambon avait converti la dette tunisienne, rendu à la Régence la disposition de ses recettes, établi la régularité dans les administrations publiques, organisé le corps du contrôle civil et les municipalités, procédé à la révision de la législation beylicale antérieure au protectorat, assuré la sécurité de la colonisation, créé les services techniques et celui des antiquités, doté de trente millions le fonds de réserve qui, alimenté par l'excédent des annuités prospères, devait sauvegarder dans les années de disette le budget du ravitaillement et celui des travaux neufs; il avait affranchi la Tunisie, pour les premières dépenses de son outillage et notamment pour celles du port de Tunis, de l'obligation, alors périlleuse, de recourir à un emprunt et de soulever d'irritants débats parlementaires.

Les résultats obtenus par Paul Cambon, sous la tutelle sans étroitesse du Ministère des Affaires Etrangères, l'avaient été sans secousse et sans fracas, tant il inspirait de confiance dans la sûreté de son jugement. Quand il avait réfléchi, la cause était entendue.

Est-il besoin de dire combien il a su se faire écouter à Madrid et avec quel intérêt sympathique il a suivi l'œuvre d'affermissement de la couronne d'Espagne sur la tête du jeune roi Alphonse XIII, par la Régente Marie-Christine.

Transféré à Constantinople, il s'y heurta à d'autres mœurs et à d'autres procédés de gouvernement. Ses habitudes d'humanité ne le limitaient pas à la protection de nos intérêts économiques. Il aurait voulu que l'Europe rassemblât tous ses moyens de persuasion pour obliger Abdul Hamid à régler autrement que par des massacres la question des minorités nationales.

L'ambassade de Londres devait être le couronnement de cette belle carrière. Il y arrivait, chargé d'expérience et de renommée, au moment où elle allait contribuer à changer le cours de l'Histoire. Après tant de dissentiments, de rivalités et de malentendus, il apparaissait enfin que l'équilibre européen, que la sauvegarde du Droit international et de l'indépendance des Nations ne pouvaient plus se rencontrer que dans une entente cordiale entre les deux grandes puissances d'Occident parvenues au même stade de civilisation et de libéralisme. Devant cette nécessité supérieure, tous les vieux litiges politiques et commerciaux devaient être aplanis.

La France est unanime à vénérer la mémoire du grand ami qui, de l'autre côté de la Manche, a fixé avec une autorité souveraine l'orientation nouvelle. Elle sait aussi (ce n'est pas ici que nous pourrions l'oublier) quel est le Français qui a reçu dans ses mains fidèles le testament libérateur et ne l'a pas laissé prescrire, qui a veillé pour sa part à ce que pas un instant l'Entente n'ait cessé d'être, comme Édouard VII l'avait conçue, loyale, pacifique et clairvoyante, digne de cette fraternité d'âmes dont l'heure allait sonner à l'horloge du destin.

La Tunisie peut être fière de ce qu'à l'origine du Protectorat français les directions à suivre aient été tracées d'une main si sûre par un homme d'Etat qui se préparait ici aux tâches les plus écrasantes et aux plus hautes responsabilités.

L'éclat de son nom protègera son œuvre et recommandera à la nation tutrice, cette terre où l'on a tant et si bien travaillé depuis un demi-siècle et qui a fourni à la défense commune tant de combattants sans peur et sans reproche.

La mission de M. Cambon à Londres s'est terminée par les efforts qu'il a dû faire pour atténuer les divergences qui s'élevaient entre les deux grands alliés au sujet des garanties à obtenir de la victoire.

Il demanda à se reposer. En prenant sa retraite alors que tant de problèmes soulevés par la guerre étaient encore à résoudre, il avait la consolation que rien n'allait disparaître de la lumière qu'il apportait dans les Conseils de l'Etat ni de l'ascendant qu'il possédait sur le personnel diplomatique de l'Europe, grâce au frère qui avait parcouru avec lui la carrière et grandi à son côté. Avant d'être appelés aux deux postes insignes d'où ils ont vu grossir la menace et d'où ils ont multiplié les avertissements, tous les deux avaient exercé leur maîtrise dans la politique africaine. Par là, ils avaient déjà ajouté au prestige et à la force militaire de leur pays.

Au temps où s'affirmait la Victoire Romaine, le même laurier passait d'une tête à l'autre dans la même famille. Deux Scipion se sont illustrés sur le même théâtre où leur gloire s'est confondue. De même sommes-nous assurés que, devant ce monument, où la pierre est si éloquente, il n'y a pas de partage à faire et que rien ne pouvait être plus doux au Président de la Conférence des Ambassadeurs que l'hommage rendu sur la terre d'Afrique au Grand Aîné qui fut son modèle et sa principale fierté.

DISCOURS DE M. J.-B. CURTELIN

MESSIEURS,

La Ville de Tunis accepte avec reconnaissance le superbe monument dont la remise lui est faite.

L'hommage rendu à Paul Cambon et la glorification de la grande œuvre civilisatrice qu'il a poursuivie dans la Régence étaient impérieusement commandés par la reconnaissance que lui doivent à la fois la France et la Tunisie.

Cette œuvre était complexe et délicate. C'est avec prudence, méthode et aussi fermeté qu'il l'entreprit en s'inspirant de ce principe que, au cours d'une réception officielle il exposait à ses compatriotes groupés autour de lui : « Tout organiser à la fois, c'est tout désorganiser. Les réformes ne sont fructueuses que si elles sont successives et préparées longtemps à l'avance ». Ce fut pour l'œuvre de Paul Cambon :

M. CURTELIN
Vice-Président de la Municipalité de Tunis, prononçant son discours

la nouvelle organisation financière, la suppression des tribunaux consulaires et l'installation des tribunaux français, la réforme foncière, la création des grandes administrations qui sont l'armature essentielle d'un pays, les orateurs qui m'ont précédé l'ont trop lumineusement exposée pour que j'aie à y revenir. Mais les circonstances font que je puis, en connaissance de cause, évoquer le passé : arrivé en Tunisie dès les débuts de l'occupation, il m'a été donné de voir Paul Cambon à l'œuvre. Je n'ai pas oublié les difficultés auxquelles il eut à faire face, ni le désaccord qui a parfois existé entre lui et certains éléments de la population. Les réformes qu'il introduisait dans ce pays allaient souvent à l'encontre d'avantages particuliers ou de prérogatives spéciales ; les nouveaux venus, d'autre part, ne trouvaient pas toujours les facilités et les complaisances que des espérances peut-être exagérées leur avaient fait entrevoir. Il fallut à Paul Cambon beaucoup de ténacité et de persévérance pour dissiper certaines défiances et apaiser quelques mécontentements.

Par contre, je puis ici porter témoignage de la confiance que toute la partie pondérée et éclairée de la Colonie française avait en lui, de l'autorité très grande dont il jouissait, du respect profond dont nous entourions l'homme éminent auquel la Mère-Patrie avait confié la lourde mission de réorganiser et de régénérer un pays qui était assez riche, comme le déclarait M. Barthélemy Saint-Hilaire, « pour n'avoir besoin que d'ordre et de justice ». Paul Cambon était secondé dans l'élaboration et l'application des réformes à entreprendre par le Baron d'Estournelles de Constant, par M. Bompard, qui fut au Secrétariat général du Gouvernement tunisien le bon ouvrier de la première heure et à qui je suis heureux d'adresser aujourd'hui mon respectueux salut.

Ce qu'il m'appartient surtout de rappeler en ce moment, c'est que Paul Cambon fut le créateur de la vie municipale dans la Régence. Tunis possédait, certes, depuis 1868, une organisation municipale, mais celle-ci était embryonnaire. Ses ressources, très modestes, étaient notoirement insuffisantes.

Il serait trop long aujourd'hui d'entrer dans les détails et d'exposer de façon précise la situation financière de la ville. Je me bornerai à signaler, qu'en 1883, le budget des recettes était absorbé en quelques mois par les dépenses courantes, que le produit des impôts n'était recouvré que dans une proportion dérisoire et que la ville, n'ayant pu s'acquitter intégralement envers ses entrepreneurs, leur avait remis des mandats à ordre, représentant une somme de 296.000 piastres, dont la négociation dans les banques locales entraînait le paiement par la Commune de 12 % d'intérêts.

Faute de ressources, faut d'organisation, la vie municipale était paralysée. Paul Cambon estima qu'il importait de remédier sans plus tarder à une situation aussi critique. Le 31 octobre 1883 fut promulgué un décret portant organisation de l'administration et du conseil municipal de Tunis qui, à peu de choses près, sont encore les mêmes aujourd'hui : le conseil fut composé d'un président musulman, de deux adjoints français, de huit conseillers municipaux européens, de huit conseillers municipaux musulmans et d'un conseiller israélite. L'installation du nouveau conseil eut lieu en grand apparat : Son Altesse reçut les conseillers en audience particulière, puis délégua un de ses aides de camp qui les accompagna à l'Hôtel-de-Ville et, en son nom, les installa solennellement dans leurs fonctions.

Les conseillers se mirent sans tarder au travail. Les registres des procès-verbaux font foi de leur activité, de leur zèle et de leur souci de faire œuvre utile. Leur premier soin fut d'assainir la situation financière, d'étudier les moyens de faire rentrer dans les caisses municipales les taxes impayées et d'établir leur premier budget. Mais les ressources modestes dont ils disposaient ne permettaient de vivre qu'au jour le jour et ne donnaient pas la possibilité d'entreprendre les travaux de voirie, d'aménagement et d'hygiène qui s'imposaient. Paul Cambon le comprit et, par décret du 23 septembre 1884, abandonna à la Commune de Tunis, ainsi qu'aux Communes de La Goulette, Le Kef, Sousse, Sfax et Bizerte, qui avaient été successivement créées, le produit de la taxe sur la caroube des loyers.

Enfin, pour compléter son œuvre municipale, Paul Cambon promulgua le décret du 1er avril 1888 qui fut la charte de l'organisation communale jusqu'au 14 janvier 1914, date à laquelle ses dispositions subirent les quelques modifications dont le temps avait fait ressortir la nécessité.

Depuis cette époque, les Communes de la Régence et la Commune de Tunis en particulier ont pu vivre et prospérer; des villes européennes se sont élevées à côté des villes indigènes, le commerce et l'industrie se sont développés et, suivant un rythme commandé par l'accroissement des ressources dont elles disposaient, les communes ont pu mettre à l'étude et commencer progressivement la réalisation des programmes d'urbanisme destinés à satisfaire aux besoins et aux aspirations des collectivités.

Si l'on se reporte au temps où notre Commune fut créée et si l'on compare la situation de la ville à cette période et à la période actuelle, tout esprit impartial ne pourra qu'être frappé par l'évolution accomplie en moins de cinquante ans. Une grande part en revient à nos prédécesseurs auxquels je suis toujours heureux de rendre publiquement l'hommage qu'ils méritent. Ce qu'ils ont su réaliser a constitué pour nous un enseignement dont la Municipalité et le Conseil municipal s'inspirent chaque jour pour faire face aux besoins nouveaux d'une ville en voie de développement, à laquelle nous portons une affection d'autant plus profonde que nous l'avons vu naître, et que nous voulons toujours plus belle, toujours plus salubre, toujours plus attrayante.

C'est à Paul Cambon que Tunis doit son essor; elle ne l'oublie pas, elle garde à ce grand Français sa reconnaissance la plus fidèle et son souvenir le plus ému et nous les lui témoignerons par le soin pieux avec lequel nous veillerons sur le monument qui vient d'être élevé à son œuvre et à sa gloire.

DISCOURS DE M. GAUDIANI

MESSIEURS,

L'homme que nous honorons aujourd'hui fut un grand Français. Il rappelait par l'ampleur de ses conceptions, l'élévation de son esprit et la noblesse de son attitude, ces illustres serviteurs de la monarchie qui, se sentant responsables devant l'histoire et dépositaires d'un long dessein, avaient le sens de la continuité et savaient construire l'avenir avec les matériaux du passé.

D'autres diront la part considérable qu'il prit au rapprochement franco-anglais, la manière délicate dont il sut concilier les points de vue des deux nations, le rôle éminent qu'il joua au moment solennel où l'existence même de la patrie était en jeu.

Je ne parlerai ici que du Résident général de la République à Tunis, et j'apporterai l'hommage fervent de la colonie française au créateur du Protectorat.

Qu'il me soit permis cependant de reconstituer à grands traits, devant vous, les

M. GAUDIANI

Vice-Président élu du Grand Conseil, prononçant son discours

événements qui servirent de préface à l'œuvre civilisatrice et nationale qu'il accomplit en Tunisie.

Lorsqu'il y a près d'un demi-siècle, la France, abandonnant la politique de recueillement et d'abstention qu'elle s'était imposée depuis la guerre de 1870, décida d'intervenir en Tunisie, elle reprenait le cours de sa destinée historique.

Du jour, en effet, où nos soldats débarquèrent, à la pointe de Sidi-Ferruch, pour occuper la vieille cité des corsaires, la question de notre domination dans l'Afrique du Nord était virtuellement posée.

Tous les gouvernements qui se sont succédé depuis cette époque ont eu les yeux fixés sur la Tunisie, où notre établissement devait permettre un jour d'étayer et de consolider notre province algérienne.

Ce fut l'honneur de Jules Ferry de réaliser ce grand dessein. Son regard clairvoyant avait sondé l'avenir; il avait eu la claire vision de l'Empire africain que le génie de la France devait marquer de son empreinte ineffaçable et conquérir à la civilisation.

Grâce à son indomptable énergie nous étions en Tunisie; mais au prix de quelles luttes! Ce n'était pas à Tunis que se livraient les combats, mais à Paris. Temps troublés où chaque nouveau service que Ferry rendait à la France était récompensé par un nouvel outrage! Où le grand ministre patriote était abreuvé d'injures et de calomnies pour avoir voulu ajouter un magnifique fleuron à la couronne coloniale de son pays.

Ces querelles ne facilitaient pas la tâche de nos agents en Tunisie.

Quelle forme devait prendre notre occupation ? Quel était le régime que nous devions adopter pour satisfaire à la fois nos intérêts, ménager les susceptibilités internationales et remplir notre engagement de respecter les institutions et les coutumes indigènes ?

M. Wadington avait, au lendemain du Congrès de Berlin, prononcé le mot de « Protectorat » qui avait été repris par Jules Ferry et par Gambetta au cours des débats qui s'étaient déroulés au Parlement, sur les affaires tunisiennes.

Ce mot n'avait pas de passé; il entrait tout neuf dans l'esprit de la politique coloniale française; il désignait, avec une précision illusoire, une réalité dont l'avenir et l'expérience quotidienne avaient la charge de révéler chaque jour les traits essentiels.

Tout ce qu'il implique en effet de principes politiques ou de règles administratives, ne dérive pas d'une formule préétablie, représentative d'un état de choses antérieurement définies et dans les termes de laquelle un chef trouve à tout instant l'inspiration de sa conduite et le soulagement de ses doutes.

Il fallait qu'un homme affrontant l'inconnu en dégageât les éléments, en créât même la substance; et pour diriger l'effort d'une telle entreprise, les précédents, les errements, le fonds précieux de l'expérience faisaient défaut.

Mais il semble qu'il soit du destin de cette terre d'Afrique de produire d'elle-même comme par un jaillissement issu des profondeurs de sa tradition et de la nature intime des choses, les formules tutélaires du Protectorat.

Certes, la France doit affirmer l'orgueil d'avoir réveillé dans cette vieille Afrique les échos endormis des voix classiques et celui d'avoir renoué les traditions spirituelles d'ordre, de clarté et de force qui ont jadis suscité la grâce d'un Apulée ou le génie d'un Saint Augustin. Mais il faut rappeler que l'esprit de la démocratie française a été si profondément sensible à ces obscurs conseils que la voix du passé donne aux vivants, qu'elle a recomposé d'instinct, comme loi de gouvernement, cette règle du Protectorat, fondement de la domination romaine.

Car Rome avait fait des chefs et des peuples numides, ses clients, ses alliés, ses amis, ses soutiens.

Mettre en action les principes de cette grande politique de transaction et de conciliation en l'adaptant aux nécessités modernes, tel était le but que la France devait se proposer en s'établissant en Tunisie.

Ce fut à Paul Cambon que le Gouvernement de la République confia, en 1882, la haute mission de dégager les véritables formules du Protectorat et de les faire entrer dans la réalité mouvante des choses.

Il était déjà préfet de ce magnifique département du Nord, où il réussissait admirablement. Il avait été l'élève de Jules Ferry dont il fut le collaborateur et avait appris de cet illustre homme d'Etat à concevoir les grands projets et à mener les grandes affaires.

Il avait un jugement pénétrant et sûr, une imagination étendue qui lui permettait de saisir les aspects toujours nouveaux des situations changeantes, un patriotisme éclairé ; il possédait cette séduction puissante que dégage une belle intelligence mise au service d'un grand cœur.

Il arrivait dans ce pays, sans autres instructions que celles de M. Barthélemy Saint-Hilaire, qui lui demandait de réorganiser la Tunisie, sans frais pour la Métropole, et cette indication lapidaire de Gambetta : ni abandon, ni annexion.

En prenant possession de son poste, il trouve l'anarchie partout, dans la Justice, dans les Finances, dans l'Administration.

Il n'apporte pas de préjugés. Il n'a point dans ses cartons de ces plans construits à l'avance avec une rigoureuse symétrie.

Il se borne à demeurer simplement attentif ; à observer chacun de ces conflits où s'affrontent, comme à la recherche d'un équilibre nécessaire, tout ce que, au cours des siècles, races, religions, passions ou intérêts ont concentré et accumulé d'apports disparates en ce carrefour de l'histoire qu'est la terre de Tunis.

Et lorsqu'éclate une de ces dissonnances fatales, aussitôt il s'applique à la résoudre en une de ces phrases d'harmonie juridique et politique dont la longue suite a composé l'ordre durable du Protectorat.

Sa main, que guide une pensée sobre et claire, charpente ainsi chaque jour l'armature constitutionnelle du pays.

C'est auprès du Prince qu'il se place, lui, Ministre de la France ; et c'est de là qu'il noue l'une à l'autre, mêlant leurs forces en une intimité indissoluble, ces deux racines de l'ordre public, la souveraineté d'un prince éclairé et celle d'une démocratie puissante.

Dès lors, à tous les degrés où s'exercera, suivant ses traditions, l'autorité publique du pays, il situera l'homme et l'institution qui devra apporter, à tout instant, la lumière du conseil, l'avertissement de l'expérience, le don de la contribution positive.

Désormais, si le Prince édicte, c'est le mandataire de la France qui promulgue les lois.

Si le Premier Ministre présente les lois, s'il assure l'ordre public, c'est le Secrétaire général du Gouvernement qui l'assiste dans l'accomplissement de ces actes fondamentaux.

Si les caïds gouvernent la province, auprès d'eux un corps de contrôleurs civils approuve ou amende leur action, stimule ou tempère leur initiative.

Ainsi, du jeu combiné de toutes ces énergies complémentaires est issu le surprenant épanouissement d'une institution singulière, à la fois immobile dans ses règles essentielles et sans cesse évoluant vers toutes les exigences des adaptations nécessaires.

Se mouvant dans ce cadre, la Justice, les Finances, les Travaux publics se sont portés d'eux-mêmes vers leurs places éminentes.

La Commission financière a disparu.

A l'aménagement et à l'assainissement des ressources fiscales a répondu la pertinence de leur affectation. Les règles du budget et de la comptabilité publics ont trouvé en ce moment leurs formes; le Domaine public de l'Etat a été défini; l'inventaire de ses facultés a été dressé.

Et presque dans le temps même où le Protectorat inscrivait sur l'horizon de l'histoire la première esquisse de ses traits constitutifs, les nations civilisées, confiantes en la promesse que faisait à l'avenir la jeunesse des institutions tunisiennes, déférait à la Justice française l'honneur de ranger sous sa juridiction leurs citoyens et leurs sujets.

Grande et pacifique victoire remportée sur les abus, l'arbitraire et le désordre que maintenait dans la Régence le système des capitulations !

Paul Cambon pouvait d'autant plus en réclamer la paternité, qu'il avait proclamé, lors de l'installation solennelle du tribunal français à Tunis, que la Justice était « la source de tout ordre, la condition première de toute réforme, l'unique protectrice des individus et des intérêts légitimes de l'Etat ».

Désormais, le moule du Protectorat est créé.

Au lieu de bouleverser les institutions existantes, Paul Cambon a estimé préférable « d'en corriger les vices et d'en combler les lacunes ».

Au lieu de détruire, il améliore; au lieu de démolir, il répare. Sans rompre brutalement avec le passé, il adapte les vieilles formes de l'Orient à la civilisation occidentale.

Il inaugure une ère nouvelle dans les méthodes d'administration coloniale de la France.

Il n'entend pas, suivant le joli mot d'Anatole France, coloniser avce la règle et l'équerre. Il sait que les hommes ne sont pas pareils sous toutes les latitudes et sous tous les climats.

Il entend respecter les intérêts, les traditions et l'histoire des populations sur lesquelles la France exerce sa tutelle; il veut gagner des âmes là ou d'autres nations ne savent qu'étendre une domination dédaigneuse ou une prépondérance brutale.

Il a ainsi jeté les bases de cette solidarité qui doit unir les Français et les Indigènes dans la poursuite d'un idéal commun de travail, de justice et de paix.

Saluons donc avec respect et reconnaissance la mémoire de ce noble initiateur dont cette stèle perpétuera à jamais le souvenir parmi nous, et associons dans notre pieux hommage ses collaborateurs de la première heure, dont M. Bompard fut le plus éminent et le plus dévoué.

DISCOURS DE M. M'HAMED CHENIK

Après les éminents orateurs qui viennent d'exalter comme il convient l'œuvre de Paul Cambon, je sens combien il est délicat de leur succéder et de reprendre un thème qu'ils ont admirablement développé. Toutefois, je tiens à m'acquitter de deux devoirs également agréables. D'abord apporter les sincères souhaits de bienvenue de la population indigène à tous ceux qui sont venus de France et de l'étranger, plus particulièrement à Messieurs les Ministres et Ambassadeurs Maurice Bompard, Henri Cambon et Roger Cambon, dont la présence à cette grandiose cérémonie contribue largement à en rehausser l'éclat.

Ensuite dire combien cette même population est heureuse de communier une fois de plus par le cœur et par la pensée avec la colonie française et de donner à cette inauguration son véritable caractère de manifestation, autour d'un grand nom, de cette union franco-tunisienne préconisée par Paul Cambon lui-même. Notre joie est d'autant plus vive que les Tunisiens qui ont le culte de la reconnaissance n'ont pas oublié tout ce que leur pays a gagné aux géniales réformes entreprises au lendemain du Protectorat par le successeur de Théodore Roustan et qui ont porté principalement sur l'assainissement de nos finances et sur l'institution de ce régime foncier que nous envient beaucoup de pays.

Aussi la Régence, en élevant ce monument à Paul Cambon, ne fait-elle que s'acquitter d'une dette de gratitude envers l'un de ses plus illustres et plus remarquables administrateurs. Car malgré ses autres titres de gloire et les inappréciables services qu'il a rendus à Madrid, à Constantinople et notamment à Londres où il a été l'éminent artisan de l'entente cordiale, Paul Cambon demeurera avant tout, pour nous Tunisiens, le grand organisateur du Protectorat et le premier Résident général qui nous a accordé sa confiance et qui nous a apporté avec lui le souffle pur et vivifiant de la France.

Son libéralisme hautement clairvoyant lui fit apparaître la nécessité d'associer largement les indigènes à la mise en valeur et à l'administration de la Régence et entrevoir tout le parti que la France pouvait tirer d'une politique de collaboration sagement et sincèrement poursuivie. Entre les deux races et les deux civilisations, là où d'autres croyaient découvrir des contrastes, lui apercevait des affinités cachées. Grâce à lui, l'union entre Français et Indigènes dont il fut le précurseur est aujourd'hui chose faite et évolue même dans le sens d'une compénétration mutuelle de plus en plus intime, compénétration où chacun conserve ses caractéristiques propres. La plus grande France y a gagné à coup sûr en richesse et en puissance, car la variété, dans le domaine politique plus peut-être que dans le domaine économique, est une source de possibilités infinies.

Cette conception noble et généreuse du Protectorat, qui a été celle de Paul Cambon et de tous ses successeurs, s'est trouvée amplement justifiée par un loyalisme qui ne s'est pas démenti une seule fois pendant un demi-siècle et qui fait qu'à l'heure actuelle il n'y a pas en ce pays des conquérants et des conquis, mais des protecteurs et des protégés également animés du sincère désir de collaborer de plus en plus étroitement à la prospérité générale.

Honneur donc à Paul Cambon, bienfaiteur de la Tunisie, qui lui a voué une éternelle reconnaissance et dont les fils sont les premiers aujourd'hui à s'incliner bien bas pour saluer sa glorieuse mémoire, inséparable à jamais de l'histoire du rayonnement de la civilisation et de l'influence française.

M. M'HAMED CHENIK
Vice-Président de la Section Indigène du Grand Conseil, prononçant son discours

M. MAC LEOD
Consul Général d'Angleterre, lisant le message du Gouvernement Britannique

M. REGNAULT

Ambassadeur de France, représentant M. Briand, Ministre des affaires Etrangères
dont il lit le message

MESSAGE DU GOUVERNEMENT BRITANNIQUE
(Lu par M. Mac Leod, Consul général de S. M. Britannique)

MONSIEUR LE RÉSIDENT GÉNÉRAL,

C'est avec le plus grand intérêt que le Gouvernement de Sa Majesté Britannique a appris l'érection d'un monument en l'honneur de Paul Cambon.

Cambon a laissé des souvenirs inoubliables au cours de son séjour en Grande-Bretagne et son œuvre vit encore dans l'amitié entre nos deux nations, à laquelle, pendant sa carrière longue et distinguée, il a contribué si puissamment.

Le Gouvernement de Sa Majesté est heureux, en cette occasion, de rendre hommage à un grand patriote et à un grand ami de la Grande Bretagne.

DISCOURS DE M. REGNAULT
Ambassadeur, Représentant le Ministre des Affaires Étrangères

J'ai l'honneur de saluer respectueusement le monument qui reproduit les traits de mon premier maître. Après les discours éloquents que vous venez d'entendre je ne veux ajouter que de brèves paroles.

Il y a quarante-cinq ans j'étais désigné pour le poste de Tunis et j'y fus attaché à la Légation; puis au Secrétariat général du Gouvernement tunisien. J'ai donc eu le rare bonheur de débuter sous les ordres d'un chef incomparable. J'ai pu admirer sa grande intelligence, sa haute valeur morale et sa bonté. Ses exemples ont été le soutien de ma carrière et je n'aurais pas voulu prendre ici la parole sans dire tout ce que je dois à mon ancien chef et à lui donner un témoignage public de ma gratitude.

Je dois maintenant remplir une mission officielle. J'ai l'insigne honneur d'être chargé par M. Briand, Ministre des Affaires étrangères, de le représenter personnellement à cette cérémonie et de lire, au nom du Gouvernement de la République, le message suivant :

« En honorant aujourd'hui sur cette terre tunisienne la haute figure morale d'un grand serviteur de la France, nous pouvons mesurer tout ce qu'une vie de devoir et de loyauté professionnelle consacrée à la défense des plus nobles intérêts publics peut fonder de durable et d'enviable dans la tradition administrative et diplomatique d'une grande nation démocratique.

« Nourrie aux meilleures sources du génie français, empreinte de la plus large humanité, l'œuvre d'un Paul Cambon en Tunisie n'illustre pas seulement ses dons personnels d'administrateur, toujours égal à lui-même dans les plus vastes domaines de l'activité publique ; elle institue après lui une véritable doctrine française dans la pratique des protectorats exercés par le Gouvernement de la République. En lui révélant enfin ses dons de diplomate au contact des premières difficultés internationales dont il ait eu à prendre souci, elle le prépare à cette destinée nouvelle que les événements vont se charger d'égaler à celle de ses plus illustres devanciers.

« Là encore il lui fut réservé d'honorer sa fonction par l'autorité exceptionnelle qu'il sut respectueusement faire reconnaître au Représentant de la France.

« Je ne retracerai point les étapes de cette incomparable carrière dont la renommée a déjà reçu la consécration de l'histoire. Il suffit de rappeler l'ascendant moral exercé par Paul Cambon au cours de ses trois missions diplomatiques en Europe, la haute tenue d'esprit et de cœur qui a imposé souvent l'arbitrage de son équité, bien que sa maîtrise des grands problèmes techniques intéresse l'économie nationale de son pays et sa claire compréhension de toutes les données politiques ou sociales qui régissent le cours moderne de la vie internationale : ainsi a-t-il dessiné par avance la figure du diplomate contemporain telle que l'exige chaque jour plus instamment la complexité croissante des relations entre peuples.

« Puisse une telle figure susciter dans la génération nouvelle d'aussi fidèles vocations au service de l'Etat.

« C'est bien la seule récompense qu'eût accepté d'envisager un Paul Cambon, au terme d'une longue vie d'abnégation et de dévouement à la France. »

DISCOURS DE M. MANCERON
Résident Général

Monseigneur,

Mesdames,

Messieurs,

Devant ce monument où le ciseau a fixé les traits de Paul Cambon avec toute la délicatesse d'une main féminine alliée à la fermeté d'un génie vigoureux parvenu à son plein épanouissement, les traits spirituels de cette grande figure ont été eux aussi retracés avec dévotion par ceux-là mêmes qui ont été les compagnons de travail, les amis et les disciples fidèles de ce Maître incomparable. Il serait dès lors impertinent et téméraire de ma part de prétendre évoquer à mon tour ces traits au risque d'en affaiblir la netteté. Mais dans le concert d'éloges et de reconnaissance qui monte aujourd'hui de la terre de Tunisie vers celui qui en fut l'animateur moderne, le huitième successeur du premier Résident Général a le devoir, tant au nom du Gouvernement de la République qu'il est chargé de représenter ici qu'en témoignage de sa gratitude personnelle, de s'efforcer, dans le cadre forcément beaucoup trop restreint d'un bref discours, d'indiquer tout ce que la Tunisie où nous vivons aujourd'hui doit au premier et comment Paul Cambon sut, dès le début, aiguiller ce pays sur la voie où il devait rencontrer la prospérité et tous les bienfaits de la civilisation.

Je n'ai d'ailleurs jamais eu moi-même la bonne fortune de connaître personnellement celui que nous voulons honorer dans cette cérémonie, mais je ne puis m'empêcher d'espérer que peut-être j'aurai su recueillir une étincelle du flambeau qu'il transmit à ses disciples, ayant bénéficié moi-même des enseignements précieux d'un Maître qui aimait à reconnaître le sien en Paul Cambon et à qui la Tunisie, dont il fut à son tour le Résident Général, doit onze années d'une administration vigilante, ferme et prudente dont le souvenir méritera lui aussi d'être fidèlement conservé dans ce pays.

Celui qui serait descendu en Tunisie le 2 avril 1882 de l'aviso « Hirondelle » avec le nouveau Résident et se serait livré à un voyage de tourisme, aurait été immédiatement déconcerté par l'état des voies de communication. La Régence ne possédait alors qu'un outillage économique des plus modestes, presque entièrement dû, d'ail-

M. F. MANCÉRON
Ministre Résident Général, prononçant son discours

leurs, à des ingénieurs français. L'inventaire mérite d'en être établi, ne fût-ce qu'à titre de curiosité rétrospective.

Le réseau routier mesurait... quatre kilomètres de longueur et consistait uniquement dans la voie empierrée qui reliait Tunis au Bardo, établie vers 1860 par l'ingénieur Dubois. Cette voie elle-même était en si mauvais état qu'en 1883 la voiture résidentielle qui emmenait au Bardo, pour leur présentation au Bey, les magistrats du Tribunal français récemment créé, y cassa ses ressorts. On dut ramener ces messieurs à Tunis dans un carrosse beylical. Seuls les chemins de fer avaient une certaine importance; ils comprenaient la ligne de Tunis à Ghardimaou (195 kilomètres) construite et exploitée par la Compagnie française de Bône-Guelma et les lignes de Tunis au Bardo, Tunis à La Marsa, Tunis à La Goulette (34 kilomètres) construites par une Société anglaise qui les avait vendues, en 1880, à la Société italienne Florio-Rubattino.

Les adductions d'eau se réduisaient à l'alimentation de la ville de Tunis, que l'ingénieur français Colin avait assurée, en 1861, par la restauration, sur près de 100 kilomètres, des aqueducs romains de Carthage, délaissés depuis treize siècles. Enfin, trois phares dioptriques avaient été allumés vers 1860 et 1873 sur la côte nord de la Régence.

Depuis une trentaine d'années déjà, avant l'établissement du protectorat, le Gouvernement français mettait à la disposition des Beys des ingénieurs, dont le rôle, comme on a pu en juger par le bilan qui précède, devait être assez difficile, en raison de sa simplicité même. « De quoi te plains-tu, répondit-on un jour à l'un de ces ingénieurs qui réclamait en vain des crédits pour ses travaux, ne t'a-t-on pas toujours servi régulièrement tes appointements ?... »

Paul Cambon, dès 1883, mit sur pied une Direction générale des Travaux publics qui, à la vérité, ne commença à fonctionner sérieusement qu'en 1886. Néanmoins, au moment du départ de M. Cambon, on avait déjà aménagé en routes 200 kilomètres de pistes et bouché le trou de 5 kilomètres et demi qui existait dans le réseau ferré entre Ghardimaou et la frontière algérienne.

Quelle a été depuis lors l'œuvre du Protectorat en cette matière ? C'est ce que l'on mesurera aisément lorsqu'on réfléchira qu'il y a aujourd'hui dans la Régence 5.500 kilomètres de routes empierrées au lieu de 4 en 1881, et 2.633 kilomètres de chemins de fer au lieu de 223.

Mais si l'état sommaire des voies de communication était ce qui frappait le plus le nouveau débarqué, les habitants du pays souffraient davantage de la situation financière et commerciale. C'était, à vrai dire, le délabrement des Finances, qui, plus que toute chose, avait amené le Gouvernement de la République à offrir au Bey Mohamed Es-Sadok de remplacer par un concours permanent l'aide forcément un peu intermittente de jadis.

Comme le disait M. Paul Cambon lui-même à la séance de la Chambre des Députés du 1er avril 1884, à laquelle il prenait part comme Commissaire du Gouvernement: « Il n'y avait pas de budget en Tunisie, mais une simple liste de dépenses. « Quant à la liste des recettes, elle était très variable, parce que tout dépendait de « l'énergie du Gouvernement et du degré de complaisance des populations. »

Dans les régions montagneuses, les contribuables s'assemblaient sous l'olivier centenaire *Zitounet jeddi* (l'olivier de l'aïeul) et interrogeaient le jeu du vent dans le feuillage pour savoir s'ils payeraient ou non les impôts: *Zitounet jeddi, neddi oulla ma neddi ?*

Lorsqu'on put, en 1884-85, dresser un budget, celui-ci s'établissait à environ 20 millions de recettes et 15 millions de dépenses, laissant ainsi un excédent de recettes d'à peu près 5 millions.

Quel pas gigantesque n'a pas été fait depuis cette époque, puisque les services publics qui travaillent à la mise en valeur de la Régence exigent aujourd'hui un budget de 450 millions de francs, sans parler des 100 millions des budgets des établissements publics d'Etat ? Les finances de la Tunisie, que la France avait trouvées complètement épuisées, acquirent rapidement une solidité et une sécurité qui purent être données en exemple grâce à l'organisme budgétaire si parfaitement adapté aux ressources et à la situation du pays que surent édifier des administrateurs éminents.

Quant au commerce extérieur, il était en 1881 assujetti à des droits de sortie élevés. Il ne dépassait guère, bon an, mal an, 15 millions de francs aux exportations et 10 millions aux importations. Au moment où M. Cambon quitte la Tunisie, vers la fin de 1886, l'ordre et la régularité instaurés se traduisent par une hausse de ces deux chiffres qui passent respectivement à 20 et 28 millions. C'est aujourd'hui à 1 milliard 350 millions que montent en 1928 les exportations et à peu près 2 milliards de francs les importations.

Sous le régime du Protectorat, où coexistent la souveraineté de la France et la souveraineté de la dynastie husseinite, intimement réunies par leur souci commun du bien des populations, celles-ci se sont extraordinairement développées. On n'évaluait guère à plus d'un million les habitants de la Régence en 1881 : le recensement de 1926 a rencontré sur le même sol 2 millions d'Indigènes, 175.000 Européens dont 73.000 Français.

Y a-t-il présomption à reconnaître une grande part dans cet accroissement à la multiplicité des œuvres sociales apportées par la France et qui étaient en germe dans le programme de Paul Cambon : établissement des médecins de colonisation, création de vastes hôpitaux, de dispensaires et de consultations auxquels de bonnes fées surent attacher leur nom, généralisation d'institutions de prévoyance qui, dans les mauvaises années, préservent de la ruine et de la misère les foyers indigènes, développement de l'enseignement professionnel ; et, sur ce dernier point, quelle plus belle leçon donnée aux cultivateurs de ce pays que le spectacle de la richesse de la terre considérablement accrue par le labeur admirable de nos colons ?

La mise en valeur du pays s'est, en effet, intensifiée parallèlement.

La Tunisie comptait en 1881 100 hectares de vigne et ensemençait 530.000 hectares de céréales.

En 1886, au départ de Paul Cambon, 1.500 hectares sont déjà couverts par les vignobles et 700.000 hectares par les blé ou les orges. Aujourd'hui, les céréales occupent une surface trois fois plus grande encore et la vigne une superficie dix fois plus considérable. Quant aux oliviers, ils sont passés de 7.500.000 à 16 millions d'arbres.

Il me faudrait plus de temps que je n'en puis disposer pour dire les progrès considérables réalisés sous toutes les formes de l'activité technique et économique ; il faudrait rappeler la fécondité du sous-sol apportant ses richesses à la surface, grâce au labeur hardi de savants prospecteurs, le développement et l'outillage de plus en plus perfectionné de nos grands port maritimes, les grands ouvrages établis pour retenir ou amener l'eau, et avec elle, la fertilité dans des régions frappées auparavant de stérilité, l'extension considérable des services d'utilité publique, postes, télégraphes et téléphones, gaz, électricité, adductions d'eau et canalisations urbaines ; je suis à regret obligé de me limiter.

On a déjà rappelé tout à l'heure le changement considérable introduit, tant au point de vue des principes que sur le terrain pratique, par l'installation en 1883 de tribunaux français qui ont, non pas continué, mais remplacé les juridictions consulaires.

La sollicitude de la nation protectrice se porta également sur la justice distribuée aux indigènes : si elle s'interdit de transformer l'organisme chargé de régler leur statut personnel, en raison du respect qu'imposait son caractère religieux, elle institua des tribunaux tunisiens de droit commun ; ceux-ci appliquèrent des codes modernisés qui se substituèrent aux règles incertaines et trop arbitraires appliquées jusque là.

Aux garanties données ainsi aux personnes s'ajoutèrent bientôt, grâce à la loi foncière de 1885, des garanties données aux biens. Malgré que la procédure d'immatriculation des terres ait été laissée facultative, il n'en a pas moins été délivré depuis cette date 35.500 titres de propriété désormais inattaquables et portant sur un million 350.000 hectares qui représentent la part la plus considérable de la richesse immobilière de la Tunisie. Ce statut foncier, qui dépasse en sécurité celui de la propriété en France, a permis la mise en valeur rapide dont j'ai tout à l'heure indiqué les résultats, qui ont été en grande partie atteints grâce à la ténacité, au travail et à l'intelligence des colons français.

Dans un ordre d'idées semblable, une œuvre qui exprime d'une façon concrète la politique de collaboration franco-indigène poursuivie par le Gouvernement est celle de la fixation des campagnards au sol. La Direction de l'Agriculture a déjà attaché à la terre un peu plus de 6.000 familles tunisiennes sur 170.000 hectares allotis et concédés en leur faveur et elle se dispose à attribuer encore en 1929 à 2.500 ou 3.000 autres familles indigènes 54.000 hectares de terres domaniales. De son côté, la Direction de l'Intérieur mobilise progressivement les biens de mainmorte au profit de leurs occupants anciens. J'ai plaisir à rappeler la grande part prise dans cette heureuse transformation par mon prédécesseur immédiat, et il m'est très agréable, en cette occasion, d'associer, comme il m'en a exprimé le désir, M. Lucien Saint à ceux qui rendent hommage aujourd'hui à la mémoire de notre grand prédécesseur.

Paul Cambon aurait approuvé cette politique agraire qui fait le plus grand honneur au Protectorat. Il en avait en quelque sorte posé les bases. Dès son arrivée, en effet, il s'étonne du caractère presque exclusivement ethnique des circonscriptions tunisiennes qui faisaient que la plupart des Caïds possédaient des ressortissants aux quatre coins de la Régence. La transformation des Caïdats et Cheikhats de tribus, en Caïdats et Cheikhats territoriaux inaugurée par Paul Cambon, prépara le cadre permanent où la population se stabilisa administrativement, préface indispensable à sa fixation agricole et foncière.

Dans le domaine moral, les successeurs de Paul Cambon se sont également appliqués à continuer son sillon en répandant dans toute la Tunisie les bienfaits de l'instruction.

Lors de son arrivée à Tunis il n'existait dans la Régence qu'un établissement gouvernemental, le Collège Sadiki, qui fonctionnait grâce à des Habous et 23 écoles privées dont 20 catholiques et 3 israélites, sans compter 4 écoles italiennes. L'Etat dépensait pour l'enseignement en tout et pour tout exactement 1.800 francs.

Au bout de quatre années du proconsulat de Paul Cambon, on pouvait dénombrer déjà 42 écoles publiques (25 laïques et 16 congréganistes subventionnées), et neuf écoles privées recevant en tout 6.000 élèves et les dépenses de ce chef montaient à 182.000 francs. Les indigènes n'étaient pas les derniers à en profiter. Aux 120 élèves du Collège Sadiki étaient venus, en effet, s'ajouter plus de 750 nouveaux enfants répartis dans les diverses écoles publiques récemment ouvertes.

Je n'ai pas besoin d'apprendre à mes auditeurs que nous avons aujourd'hui 450 écoles d'Etat accueillant 62.000 élèves dont la moitié musulmans, et, si le chiffre de ceux-ci n'est pas plus élevé, c'est que les filles ne fournissent qu'un contingent encore très faible. La dépense budgétaire s'élève de ce chef à plus de 50 millions de francs.

Quel plus bel hommage pouvait être rendu à Paul Cambon que de montrer par ces résultats que son œuvre dans tous les domaines n'a pas été un feu passager vite éteint, mais un flambeau qui a éclairé le chemin de tous ses successeurs ! Le programme tracé d'une main si sûre a été poursuivi par de grands administrateurs, MM. Massicault, Millet, Pichon, Alapetite, Flandin, Lucien Saint. Chacun d'eux, avec des méthodes et des tempéraments différents, a apporté sa pierre à l'édifice auquel leur éminent prédécesseur avait assuré des fondations si solides : tous ont pu mesurer l'étendue des obligations et de la reconnaissance qu'ils lui doivent.

C'est la marque des grands administrateurs de savoir choisir avec discernement leurs collaborateurs : Paul Cambon avait réussi à associer à son labeur des jeunes hommes de premier ordre qui, à côté de lui, et en s'inspirant de ses directives, surent marquer leur empreinte sur l'œuvre à laquelle ils participaient ; la brillante carrière qu'ils accomplirent par la suite montre combien le choix de leur chef avait été bien inspiré. Il était juste que leur nom fût inscrit, pour la postérité, à côté de celui du chef qu'ils avaient si bien servi : c'est une grande joie pour moi de pouvoir adresser aujourd'hui à deux d'entre eux le salut déférent de leur cadet devant le buste de leur maître.

Pour réaliser son programme, Paul Cambon avait trouvé dans le concours loyal que lui avait apporté le Souverain, S. A. Ali Bey, l'aide la plus précieuse et le plus puissant des encouragements.

Celui-ci avait compris que la tutelle amicale et bienfaisante de la France assurerait à son pays le retour à l'ordre, qu'elle garantissait la restauration de ses finances épuisées, le développement de la richesse publique, l'amélioration matérielle et morale du sort de ses sujets, auxquels elle apporterait les bienfaits de l'instruction et des institutions sociales d'assistance et de prévoyance. En unissant à la mémoire de Paul Cambon celle du Souverain éclairé qui fut son ami et un fidèle ami de la France, j'éprouve joie et réconfort à saluer respectueusement à cette place le propre fils de celui-ci, appelé à régner à son tour. S. A. Ahmed Bey a tenu à suivre les traditions que lui avait léguées son illustre père : il sait que le bonheur de son peuple et la prospérité de la Régence sont étroitement liés à la collaboration loyale du Souverain et de la Nation protectrice. Qu'il veuille bien entendre ici l'expression déférente de la reconnaissance du Représentant de la France, qui rencontre auprès de lui l'accueil le plus bienveillant et le plus cordial et qui se trouve singulièrement encouragé dans l'accomplissement de sa mission par la confiance qui lui est témoignée.

A l'ombre des deux drapeaux entrelacés, la Tunisie s'est avancée à pas de géant, depuis moins d'un demi-siècle, dans la voie du progrès. Les hommes qui, après une longue absence, reviennent à ses rivages, ont peine à croire leurs yeux, qui leur montrent les plantureuses moissons ondulant sous la brise du printemps, les forêts d'oliviers s'étendant à perte de vue, les blanches villes rénovées, d'où s'élève dans la lumière dorée le murmure de la ruche au travail.

Certes la tâche n'est pas terminée et les perspectives d'avenir permettent encore d'autres espoirs ; mais, telle qu'elle se présente déjà, l'œuvre réalisée par la France en Tunisie peut soutenir hardiment toutes les comparaisons : elle fait honneur à notre pays, à ceux qui s'en sont fait les serviteurs dévoués et au premier rang desquels l'histoire voudra équitablement placer celui que la France et la Tunisie ont tenu à honorer aujourd'hui.

DISCOURS DE M. MAUREL

Secrétaire-Trésorier du Comité

Monsieur le Ministre,
    Messieurs,

Après les éloquents discours que vous avez applaudis ce matin, consacrés à la mémoire de Paul Cambon, vous comprendrez que je ne sois pas tenté de me livrer à une manifestation oratoire, dont le moindre défaut serait d'être inutile.

Tout, en effet, a été dit, et y ajouter encore, serait nuire à l'impression profonde que nous en avons recueillie.

Je croirais toutefois manquer au plus élémentaire devoir à l'égard des admirateurs ou anciens collaborateurs de Paul Cambon qui nous ont apporté leur concours si je ne leur adressais ici même l'expression de notre reconnaissance.

Le Comité, en particulier, a reçu d'un certain nombre de personnalités l'expression de leurs regrets de ne pouvoir assister à l'inauguration qui a été célébrée ce matin avec tant d'éclat et de grandeur.

L'éminent Résident de France au Maroc, M. Lucien Saint, m'a écrit : « Il m'aurait été agréable de m'associer à l'hommage rendu à la mémoire du grand Français qui organisa le Protectorat tunisien en assistant à la cérémonie qui marquera l'achèvement d'une œuvre à laquelle j'étais particulièrement attaché. Mais je dois rencontrer M. Bordes à Colomb-Béchar au début de mai et il me sera impossible d'avoir terminé mon voyage en temps utile. Je vous en exprime mes biens vifs regrets ».

Le Comité accomplit le devoir le plus agréable en rappelant que le succès de son initiative a été pour la plus large part l'œuvre propre de M. Lucien Saint. Il n'a pas seulement trouvé auprès de lui des encouragements précieux, mais encore une bonne volonté agissante et un concours de tous les instants.

Je suis sûr d'être l'interprète de vos propres sentiments en adressant à M. Saint l'expression de notre sincère gratitude.

Le Comité avait espéré jusqu'au dernier moment avoir à ses côtés un des hommes qui l'ont le plus puissamment aidé : je veux parler de M. Jules Cambon. Depuis plusieurs mois, il caressait l'espoir de venir assister à cette manifestation en l'honneur de son frère, auquel l'avait toujours uni une affection profonde. C'était pour lui l'évocation d'efforts communs consacrés au service de la France au cours d'une longue carrière.

Malgré la volonté qu'il avait exprimée de se rendre à Tunis, les médecins n'ont pas voulu prendre la responsabilité de lui laisser affronter les fatigues de la traversée ; il en a été extrêmement affecté.

« C'est un très grand chagrin pour moi, m'a-t-il écrit, de ne pas me joindre à vous, à Henri, à Roger, pour rendre le dernier hommage à mon frère, qui était si fier de son œuvre à Tunis. Dites bien mon profond regret de ne pas assister à l'inauguration et expliquez les raisons de mon absence. »

Le Comité avait également espéré que son Président, M. Alapetite, aurait pu venir, lui aussi, rehausser de sa présence l'hommage rendu à l'un de ses plus éminents prédécesseurs.

L'état de sa santé ne lui a pas permis de s'imposer les fatigues du déplacement. M. Alapetite a apporté au Comité un concours particulièrement précieux et actif et nous regrettons d'autant plus vivement qu'il n'ait pu être le témoin de cette manifestation qu'il en a été un des plus ardents promoteurs.

Vous m'excuserez de mentionner seulement les lettres de regret que le Comité a reçues de M. le Maréchal Lyautey, de M. l'Amiral Lacaze, de M. Paul Ernest Picard, directeur général de la Banque de l'Algérie ; de M. André Lebon, président du Crédit Foncier d'Algérie et de Tunisie ; de M. Georges Picot, président du Crédit Industriel et Commercial, et M. de Fleuriau, ambassadeur de France à Londres.

Ils auraient été certainement très heureux, en même temps d'apporter à Paul Cambon leur témoignage d'admiration et de rendre hommage à l'œuvre magnifique accomplie par la France en Tunisie.

DISCOURS DE M. MANCERON
Résident Général

Je me garderai bien d'enfreindre la règle qui vient d'être tracée en revenant sur la cérémonie d'aujourd'hui, et en répétant ou ajoutant quoi que ce soit qui ne pourrait qu'affaiblir l'hommage rendu ce matin à Paul Cambon.

Voici venu le terme de cette journée qui a été consacrée au souvenir et à la reconnaissance et qui, en nous permettant de mesurer l'étape accomplie, peut être considérée par nous comme une journée d'espérance dans l'avenir.

Nous aurons l'occasion, dans deux ans, lorsque nous célébrerons le cinquantenaire de la Tunisie, de redire ce qu'a été cette belle et magnifique étape et aussi les espoirs qu'elle autorise.

Pour aujourd'hui, nous tenons seulement à souligner le caractère donné à la manifestation de ce matin par la présence au milieu de nous de S. A. Ahmed Bey, qui a tenu à apporter le témoignage des sentiments qui unissent les Tunisiens et les Français, et, suivant la parole qu'il prononçait hier au Bardo, à affirmer en même temps, son loyalisme et la certitude qu'il avait de l'indissolubilité des liens qui unissent la Tunisie à la France.

Je me bornerai ce soir à remercier le Comité du Monument Paul Cambon, tout d'abord d'avoir bien voulu penser que c'était sur la terre d'Afrique que ce monument devait être élevé et de l'avoir confié à une artiste de grand talent, dotant ainsi Tunis d'un monument dont elle peut être fière, mais je dois le remercier aussi de m'avoir réservé ce soir une très agréable mission : le Comité Paul Cambon, après avoir rempli sa tâche, a constaté que les fonds recueillis dépassaient les besoins de la cérémonie d'aujourd'hui et a pensé qu'il ne pouvait faire meilleur emploi de cet excédent qu'en en faisant bénéficier une personne qui est certes une des meilleures ambassadrices de la France à l'étranger et aussi dans ce pays ; cette personne, c'est l'Alliance Française.

L'Alliance Française s'efforce de faire parler partout de la France, de la rendre familière, de la faire mieux comprendre et ainsi, de la faire mieux aimer, et c'est une tâche qui doit être poursuivie partout, peut-être même en France.

Ici, l'Alliance Française a la bonne fortune d'avoir à sa tête des hommes aussi discrets que modestes qui se consacrent avec un dévouement inlassable à la réalisation de cette tâche et qui méritent vraiment l'encouragement que le Comité a voulu leur donner; et c'est pourquoi je tiens à remercier très chaleureusement celui-ci de l'appui qu'il veut bien apporter ainsi à l'œuvre poursuivie par l'Alliance française en Tunisie.

Je vous propose de clore cette journée de fierté patriotique en réunissant ici deux noms qui nous sont chers à tous: ceux de la France et de la Tunisie, et je vous invite, dans cette pensée, à lever avec moi vos verres en l'honneur de M. Doumergue, Président de la République, et de S. A. Ahmed Bey.

DISCOURS DE M. GAU
Président d'Honneur de l'Alliance Française

Monsieur le Ministre,
Messieurs,

Le Comité du Monument Paul Cambon est un heureux Comité; il est heureux, certes, parce qu'il a réussi admirablement dans la tâche qu'il s'était assignée; il a élevé à Tunis un magnifique monument, et, en ce jour d'inauguration, dans une cérémonie grandiose, il a pu entendre des orateurs éloquents, des hommes éminents, glorifier comme il convient l'œuvre du grand Français, Paul Cambon.

Ce n'est pourtant pas tout à fait cela que je pensais quand je vous disais qu'il était un Comité heureux. Il connaît en effet le bonheur sous une forme plus rare encore: sous la forme d'excédents budgétaires, et c'est là que l'on s'aperçoit vraiment que ce Comité était né sous le signe de la félicité.

Il a donc fait un beau monument, une belle fête et de belles économies: il a fait mieux encore: il a eu l'idée vraiment très délicate et très touchante de donner à ses économies la destination qui certainement aurait été celle qu'aurait voulue Paul Cambon, et c'est pourquoi je me suis permis de prendre la parole, pour remercier ce Comité de son geste généreux, au nom de l'Alliance Française et tout spécialement du Comité tunisien.

C'est qu'en effet, Messieurs, peu d'œuvres peuvent, autant que celle-ci, se réclamer de l'homme dont nous tenons à perpétuer la mémoire. L'Alliance Française a été fondée à Paris en 1883; ce fut un événement considérable. Elle groupait, aux côtés de l'ambassadeur Tissot, Président, trois Vice-Présidents qui n'étaient pas les premiers venus: ils se nommaient Paul Bert, Paul Cambon et Victor Duruy.

Son but principal, disaient les statuts, était de répandre la langue française dans les colonies, car, ajoutent-ils, c'est peut-être là le meilleur moyen de conquérir le cœur des indigènes. Messieurs, voilà bientôt un demi-siècle que l'Alliance Française exerce son activité, et que, sous la direction de Présidents qui furent toujours choisis parmi les hommes les plus marquants de notre pays, elle a rendu à la cause française les services les plus éclatants. Si le champ de son action s'est élargi, si elle ne s'adresse plus seulement aux Colonies, mais presque au monde entier, sa doctrine et son idéal n'ont pas changé. Elle pense toujours qu'enseigner les éléments de notre langue et de notre littérature aux étrangers, et plus spécialement aux indigènes de nos colonies et pays de protectorat et conquérir par l'instruction le cœur de ces indigènes, c'est véritablement une noble ambition et qui lui suffit.

En 1883, M. Paul Cambon, Vice-Président de l'Alliance Française, était Ministre Résident de France en Tunisie, et il est bien permis de penser que, en ce qui le concerne, c'est spécialement à la Tunisie qu'il songeait lorsqu'il travaillait à la fondation de l'Alliance Française.

En effet, Paul Cambon fonda immédiatement un Comité tunisien dont il assuma la présidence personnelle avec, comme Vice-Président, le Directeur de l'Enseignement, Machuel.

Messieurs, si je cite ici, en les réunissant, l'Alliance Française et la Direction de l'Enseignement, c'est qu'à cette époque leur œuvre fut véritablement commune : l'Alliance Française apporta à la jeune Direction de l'Enseignement, un appui moral puissant, et aussi, il faut bien le dire, une aide matérielle qui n'était pas négligeable. En 1883, en effet, la Direction de l'Enseignement avait, pour les écoles de la Régence, un budget de 1.800 francs. L'aide matérielle que lui apportait l'Alliance Française était beaucoup plus considérable que ce budget, et c'est grâce à la collaboration de ces organismes, l'un officiel, l'autre jouissant de la liberté, de la souplesse des œuvres privées, que la pensée française est entrée véritablement dans le cerveau de ce pays.

Et si, ce soir, le Président du Comité tunisien de l'Alliance Française s'est effacé devant son Président d'Honneur, il ne faut peut-être pas en chercher exclusivement la raison dans la modestie, pourtant très certaine, de M. Lagrange. Il est vrai que M. Lagrange, qui ne ménage jamais sa peine ni son temps et qui, à su, en peu de mois, redonner au Comité tunisien de l'Alliance Française une impulsion si vigoureuse et si brilante, ne se montre pas volontiers. Mais je crois que M. Lagrange a surtout obéi ce soir à un autre sentiment ; il a pensé que le porte-parole de l'Alliance Française devait être, en cette circonstance, le successeur de M. Machuel. Et moi j'ai accepté, parce que j'ai pensé que je trouverais là l'occasion de rappeler combien le nom de Paul Cambon est lié à l'œuvre de l'Enseignement en Tunisie, et que je pourrais ainsi reconnaître une dette, en quelque sorte personnelle, envers Paul Cambon.

Messieurs les Membres du Comité du Monument Paul Cambon, en tant que Président d'Honneur de l'Alliance Française, je vous remercie de votre don, et en tant que Directeur de l'Enseignement, je vous félicite de ce geste et je vous donne l'assurance que les fonds que vous allez remettre à l'Alliance Française tombent en bonnes mains. Et maintenant, Messieurs, je crois qu'il est de droit, qu'après avoir parlé, l'on boive ; et puisque aussi bien, mon verre se trouve plein de l'un des vins les plus beaux de notre belle France, je vais vous demander la permission de le lever en l'honneur de l'œuvre du Grand Français Paul Cambon, en l'honneur de tous ceux qui perpétuent cette œuvre, et particulièrement de ceux qui travaillent à faire connaître à l'étranger notre France, son doux parler et son clair idéal ; en l'honneur de tous ceux qui travaillent à enrichir son génie afin qu'elle puisse le répandre plus largement ; en l'honneur enfin de tous ceux qui veulent la France plus grande, afin uniquement qu'il lui soit permis d'être plus généreuse.

DISCOURS DE M. HENRI CAMBON

Je vous demande la permission d'ajouter deux mots à ce qui a été dit, deux mots dictés par la piété filiale et la reconnaissance.

Parmi vous, il y en a très peu qui ont connu mon père. Ceux qui ont participé à la manifestation d'aujourd'hui l'ont fait dans un sentiment d'admiration pour l'œuvre qu'il avait accomplie en Tunisie; mais ceux qui parmi vous l'ont connu et ceux qui ont été ses collaborateurs pourront vous dire qu'aucun homme n'a songé moins que lui à sa propre personne. Le service de la France et le souci des êtres qui lui étaient chers absorbaient toute son intelligence et tout son cœur; il ne restait rien pour lui. Pour moi, qui ai été son confident et le dépositaire de sa pensée intime, je puis dire que la seule occasion où je l'aie entendu formuler un vœu se rapportant à sa propre personne, c'est lorsque, à deux ou trois reprises, il m'a dit: « Lorsque je ne serai plus là, je voudrais que mon nom fût gravé quelque part à Tunis ». La volonté des morts doit être accomplie. Puisque les circonstances que l'on déplore font que je suis le seul représentant de la famille de celui que nous honorons, laissez-moi vous remercier au nom de tous ceux qui portent son nom d'avoir été les exécuteurs de sa volonté. Ce remerciement est bien mérité. La souscription, en effet, a été couverte avec un élan qui lui a fait dépasser le montant de la somme strictement nécessaire à l'érection du monument, et le Comité a décidé d'attribuer cet excédent à l'Alliance Française de Tunisie. Ici encore, permettez-moi d'être l'interprète de la pensée de mon père en félicitant le Comité de cette décision. L'Alliance Française, comme le Protectorat tunisien, sont les œuvres propres de mon père; l'Alliance Française est une conception de son esprit qu'il a réalisée avec quel succès, vous le savez; aujourd'hui son action s'étend sur la surface du globe tout entier, mais il ne faut pas oublier qu'au début, dans le principe, c'est en Tunisie que mon père en a eu l'idée première, et que c'est pour la Tunisie qu'il l'a réalisée.

J'ai quitté ce pays il y a 43 ans, j'étais un enfant alors, mais la physionomie des choses est restée gravée dans ma mémoire avec une précision extraordinaire; j'y suis revenu, vous devinez avec quelle émotion, il y a quelques jours, et je dois ajouter que, malgré tout ce qu'on m'avait dit, j'ai été stupéfait du spectacle qui s'est offert à mes yeux.

C'est la conclusion intégrale de la politique inaugurée par mon père en Tunisie et qui a été continuée par ses successeurs. Je lève mon verre à celui qui, aujourd'hui, continue cette lourde tâche avec tant de distinction et je vous remercie tous, Messieurs, vous qui avez participé, à des titres divers, à la consécration de ce grand souvenir.